龚鹏程大学堂

我有金篦术

龚鹏程 著

浙江古籍出版社

图书在版编目（CIP）数据

我有金箆术 / 龚鹏程著 . -- 杭州 : 浙江古籍出版社 , 2022.7

（龚鹏程大学堂）

ISBN 978-7-5540-2163-7

Ⅰ . ①我… Ⅱ . ①龚… Ⅲ . ①社会科学－文集 Ⅳ .

① C53

中国版本图书馆 CIP 数据核字 (2021) 第 248673 号

龚鹏程大学堂

我有金箆术

龚鹏程　著

出版发行	浙江古籍出版社	
	（杭州体育场路 347 号　电话 : 0571-85068292）	
网　址	https://zjgj.zjcbcm.com	
责任编辑	张　莹	
封面设计	仙境设计	
责任校对	吴颖胤	
责任印务	楼浩凯	
照　排	浙江时代出版服务有限公司	
印　刷	浙江新华印刷技术有限公司	
开　本	880mm×1230mm　1/32	
印　张	6	
字　数	116 千字	
版　次	2022 年 7 月第 1 版	
印　次	2022 年 7 月第 1 次印刷	
书　号	ISBN 978-7-5540-2163-7	
定　价	68.00 元	

如发现印装质量问题，影响阅读，请与本社市场营销部联系调换。

总　序

　　古今中外，没有思想家不爱讲说的。印度之佛陀，说法四十九年，讲经三百余会。殁后弟子结集的听讲记录，卷帙浩繁。希腊则苏格拉底、柏拉图等哲人也老喜欢拉着人讲，传下了许多对话录。

　　这些，都是"讲"。但值得注意的是，他们并没有"讲学"一词。讲学这个词，是中国独有的。中国人本领多在一张嘴上，除了吃，就爱讲，颇以讲学为乐，如陆放翁《北窗怀友》诗曰："幸有北窗堪讲学，故交零落与谁同。"

　　中国没有对话录，只有讲记、讲义。所以宋明理学家的语录才老被人怀疑是受了禅宗的影响。而即使是语录，也仍非对话录。至于《论语》，颇有人以为即是希腊那种对话录，其实也非是。故我国讲学的传统颇有值得深究之处。

　　讲学至迟在春秋时期已有。《左传·昭公七年》记："孟僖子病不能相礼，乃讲学之，苟能礼者从之。"孟僖子擅长替人襄赞典礼，老病而讲学，许多人遂跑去跟他学礼。可见春秋时已有讲学之风气。

　　孟僖子是孔子的前辈，很欣赏孔子，孔子讲学也就继承了这种精神。但孔子又是有所发展的。《论语》记载孔子曾感慨："德之不修，学之不讲，闻义不能徙，不善不能改，是吾忧也。"可以看出讲学已是常态，若不能经常讲学，还会被认为是种缺点呢！讲学也被当成一种跟修德、改过、迁善相同的"改善人存在状态"的方法。

孔子的话里还有一层意思不能忽略：讲学不仅行诸师弟之间，也在朋友之间。平辈交游，即须讲学。这也可说是儒家教育观的精义之一。儒家的朋友观，正建立在讲学上，彼此讲习道义，才是朋友，否则便成了小人酒食相征逐，共趋于下流。《论语》开篇道："有朋自远方来，不亦乐乎！"讲的就是这个，不是泛说一般亲朋来访。它上面一句"学而时习之，不亦说乎"其实也是指讲学。

因为讲学之"讲"并不只是口说，《左传》记孟僖子讲学的那句话，杜预注："讲，习也。"讲与习是同义词，《易》云"君子以朋友讲习"，把讲习合成一个词，也是这缘故。

讲就是习，故"学而时习之"事实上便是讲习不辍。这是古代通用的词意。如《玉篇》云："讲，习也。"《左传·隐公五年》："春蒐、夏苗、秋狝、冬狩，皆于农隙以讲事也。"注也说是习。

讲学当然可以无定点。或如孔子游历四方，或如墨子、孟子、商鞅、苏秦那样游说诸侯，弟子们跟着老师跑，所谓"从游"，不择地、不择时，当然也就无一定的讲学地点。纵使传说孔子有所谓"杏坛"，其实也只是在杏林中找一土墩子讲讲而已，无教室、学校之类固定讲学空间，与柏拉图有其学园不同。

有定点的讲学，最常见的是教师自己的住宅。宅中的厅、堂、斋、室，都可能用来教学。孔门弟子有及门、入室、升堂之分，就是以老师家里的空间来看弟子各自所处位置之不同，以见亲疏。

但自家堂室更主要教的乃是自己的子孙。古人重视家学，故多在家中施教。而家学，并不是现在谈家庭教育的人所讲的那一套，仅注目于儿童生活礼仪、道德教养、亲子关系层面，而是以家庭宗族为一学术传承团体。中国学统所系，古代主要就是这种家学。

官学中最主要的建置终究还是讲堂。其中有中央政府办的，如《后汉书·翟酺传》载："光武初兴……愍其荒废，起太学博士舍、内外讲堂，诸生横巷，为海内所集。"有地方性的，如《水经注·江水一》说"文翁为蜀守，立讲堂，作石室于南城"，属于公众教育性质。一直延续到晚清，包括了各地之义学、社学。

私人自办讲堂，做公众教育的，汉代以前似未见，但汉代就已极盛了，乃家学之延伸。尤其东汉大家族制渐旺，宗族子弟动辄数十百人，须延师教诲，或由族内耆宿教育之。而若教授出了名，各地寻师访学者便会蜂拥而至。因此东汉时常有大学者招收几百位门人的例子。

这么多人，家中通常无法容纳，势必另辟讲堂。

讲堂有时选在山林清雅之地，称为精舍或精庐。如《后汉书·刘淑传》："淑少学明《五经》，遂隐居，立精舍讲授，诸生常数百人。"

唐宋以后，儒者办书院，近的渊源是唐代集贤书院之类的建置，远的渊源就是精舍。朱熹所建书院就有许多称为精舍的，如闽北建阳、武夷山的寒泉精舍、武夷精舍、沧洲精舍等都是。

与精舍同样取意于清净养心的，还有斋馆一词。斋馆指斋戒时所住的房舍，汉应劭《风俗通·怪神》"乃即斋馆，忘食与寝"，唐王勃《拜南郊颂》"神坛岳立，斋馆云深"等都是其例。学校也是。《宋史·徽宗纪一》："壬辰，诏诸路州学别置斋舍，以养材武之士。"指的就是学校馆舍。

公众讲学，还有一种特殊形态，那就是寺庙。

寺与庙非一事，寺指佛寺，庙是宫观庙宇。皆方外，但也都有讲学活动。南京佛寺的讲学活动，早在刘宋以前即有。《南史·宋武帝纪》说"尝游京口竹林寺，独卧讲堂前，上有五色龙章"，京口即今镇江，盖当时寺院已皆设讲堂，用以讲经说法了。梁朝此风更甚，梁武帝本身就是大讲师，《南史》说他"创同泰寺，至是开大通门以对寺之南门，取反语以协同泰。自是晨夕讲义，多由此门"，在寺中讲了许多经义，会通儒佛。

以上各种形式的讲堂，无论社学、义学、州学、府学、县学、太学，或家学、私塾、经社、书院、寺庙讲经等等都是向下的，讲者身份皆高于听讲人。可是政府体制中却还有一种是向上的，由臣子向皇帝讲，称为"经筵讲学"。乃中国教育中最特殊之一格，体现"道尊于势"之精神。

因为每个人都需要学习，都须遵循老师的教诲，皇帝不但不能例外，甚且更该如此。所以当皇子时就应拜师学习，当上皇帝以后，仍要继续学，要选拔硕学鸿儒来教他，这就是经筵讲学，教皇帝以正道。

此一制度，非但是对皇权的制衡，且起着积极的教示、导引、匡正作用。儒者非常重视这个职务与进言的机会，也为了向历史负责，故常会撰写讲稿，留下记录，称为经筵讲义。

讲堂，中国与韩国后来都以书院为名，讲堂附在其中。但书院教育实以自学为主，并不常讲，不似现今学校每天要老师哇啦哇啦地讲。山长隔段时间才开讲一次，或邀人来书院专场演讲，如朱熹在白鹿洞书院，即请陆九渊来讲。若两人共讲或辩论，则称"会讲"。后来会讲扩大为"讲会"，变成明代书院例行的讨论会，有时吴越的大会，竟致千樯云集。

讲会是打造一个平台，让许多人能在同一个平台上相互讲论。"平台"的这个意义，后来便衍为"讲坛"一词。

与讲坛类似的词语是"讲台"。为了让听讲的人看得清、听得明，常会让讲者坐或站在高处讲，所以登高台或高坛而讲，是很常见的。目前所知，可能以晋朝虎丘之生公说法台为最早。前此多只有讲席而无讲台，嗣后则讲者升高座渐成常态，寺院尤其如此。

讲席，是高僧、儒师讲经的席位，亦用作对师长、学者的尊称。南朝梁沈约《为齐竟陵王发讲疏》"置讲席于上邸，集名僧于帝畿"，唐戴叔伦《寄禅师寺华上人次韵》之三"近闻离讲席，听雨半山眠"，说的都是僧人开讲，其实儒者开讲也是这样的。

可见讲学既有友朋师弟君臣间个人化的讲习切磋，更有面向稠人广众的宣讲。典型的例子是马融"绛帐春风"的故事。《后汉书》卷六十上说马融"尝坐高堂，施绛纱帐，前授生徒，后列女乐，弟子以次相传，鲜有入其室者"。后人很喜欢这个故事，遂以"绛帐"为师门、讲席之敬称。

讲，本以口说为主。儒家极重口说，孔门弟子们讨论事理，常以自己直接听闻老师的讲法为依凭，因此有"各尊所闻"的状况。但各自听受，说时情况不一；又因材施教，听者也有理解之问题。因而在大家都各尊所闻，觉得对方所说"异乎吾所闻"的时候，学派也就分裂了。孔子死后，儒分为八；佛陀灭度后，佛教也分裂成部派佛教，原因都在于各述所闻。

到西汉，儒家仍以口说为重，认为微言仅存于口说，不书竹帛。今文学家特别强调这一点，因此师法家法甚严，各派有各派的口说微言。直到清末康有为等人复兴今文学，仍强调这一点，康有为自己就留下了《南海康先生口说》二卷。

但口说多歧，传述易讹，还是文字较为稳定，所以东汉以后古文家兴起，就越来越重视文字。讲，也渐渐出现了文字记录型的讲义。

讲义，指讲说经典的义理。这是因汉代讲经制度而形成的，后就成为一种文体、著作形式。相关的文体，还有"论"与"难"。讲义，是讲明义理；义疏，是疏通经义；论是讲论；难是对经或论提出质疑问难。

讲论而生辩论，规模盛大的是三教讲论。唐朝自高祖武德七年开始，释奠礼祭孔之后，安排儒道佛三教硕彦相杂驳难。其后成为固定仪式，每年举行，孔颖达就参加过。这是真辩，辩起来"火光四射"，是史上一段异彩。

相对来看，今天的教育，却是小孩蒙学阶段诵而不讲，光教他们死背硬记，背上几十万字而毫无讲解；大了，又讲而不论，光是老师讲，如水泼石，灌输一番，然后继续死记硬背讲义，没有讨论，没有问难。与中国古代的教育方式背道而驰。

胡适《九年的家乡教育》曾记一故事，说一同学的母亲请人代写家信给她的丈夫，信写好了，这位同学把家信抽出来偷看，却不知信上第一句"父亲大人膝下"是什么意思。胡适很惊讶，后来才发现这位同学虽念过《四书》，却只是背，先生没有讲解。胡适则因母亲多给了先生几倍的学金，所以先生都跟他讲了。胡适很感念这一点，说："我一生最得力的是讲书：父亲母亲为我讲方字，两位先生为我讲书。念古文而不讲解，等于念'揭谛揭谛，波罗揭谛'，全无用处。"

这就是讲的重要。蒙学须讲，大学则须加上论，讲论合一，才有生机。

当然，讲说、讲习之目的是追求真理，所以需要辩论，然而争辩终究不是目的。讲论之目的乃是沟通，弭平头脑里的战争，达成和解。

是的，讲这个字的含义正是和。《说文解字》就说："讲，和解也。"《战国策·西周策》："而秦未与魏讲也。"《战国策·齐策》："赵令楼缓以五城求讲于秦。"《史记·樗里子甘茂传》："樗里子与魏讲，罢兵。"皆以讲为和解义。故今人俗称和解为讲和，犹存古意。

讲（講），从言，从冓，古音也念媾。凡从冓之字，均有交错互入、形成一整体之意。所以"讲"字与沟通之"沟"、媾和之"媾"

其实都是同义词。明乎此，则讲堂之"讲"，宗旨亦不难明白了。

我从小讲学不辍，不知老之将至。近年甚至把微信公众号都命名为"龚鹏程大学堂"，随意撰文，肆我思存。辑起来，便成此编，为序以见意，君子鉴之。

龚鹏程

壬寅写于济南雪野湖畔

目 录

衣冠楚楚

"九天阊阖开宫殿，万国衣冠拜冕旒"，是唐代诗人王维描写当时早朝大明宫时的景象，可以令人想象大唐声威远播、万邦来朝之盛况。

借这句诗，让我们重新思索一下服装的变迁。

到唐朝时，来朝的各邦，皆已具衣冠了。但在古代，中国人以衣冠为文明之表征时，周围之部落或酋邦却还多在赤身裸体的阶段。此语，不具轻蔑之意，只在说明一种现象及与它伴随的观念。

因为古代各民族主要的装饰行为并不表现在衣服上，而是在文身及羽饰上。涅面、文身或羽饰，不但具美观之效果，更有礼仪目的，例如用以代表已成年、已婚、权威、勇敢等，增加自己在同族中的地位。即使过世了，也常要在尸身上施以彩绘，将尸体圣化。我国直到春秋战国时期，吴越一带仍保有此种风俗，故《庄子·逍遥游》说吴越之人"断发文身"。

相对于周边各民族文身、插毛羽、饰兽皮的情况，汉族较为特殊，乃是以衣裳代替文身的。《易·系辞传》说尧舜"垂衣裳而治天下"。衣裳就是汉文明与其他民族区分的标识，不断发，故具冠；不文身，故具衣裳。

其所以如此，当然有技术上的原因。古代纺织之术不发达，人就是想具衣冠也很难办得到，只好以文身饰羽之类方法为之。可是古代中国纺织术发明甚早，黄帝时螺祖采丝制衣之传说固然未可尽信，但从仰韶文化西阴村遗址所发现的半割蚕茧不难推断：至少在新石器中期就已发明了丝绸技术。其后，丝更成为中国特产，唐代中期以后，抽丝剥茧的技术才传入欧洲。距中国以蚕丝制衣，晚了4000年。余姚河姆渡文化所发现的织机，距今也在3000—5000年前。纺轮则各地遗址出土极多，可见纺织术在中华大地已甚普遍，中国乃世界上制衣最早、最盛的区域。

以现今出土材料观察，新石器时期衣服以贯头式、单披式、披风式为主，不加剪裁，大约是剪裁技术尚不发达之故。殷商就有剪裁了，衣以上衣下裳、交颈窄袖为主，宽带系腰，可能已穿裤，质料则锦、丝、绮、绸、罗都有。染料的运用也很成熟，如茜草红、栀子黄，都能掌握得非常好。湖北江陵马山楚墓所发现的提花针织品，以棒针织衣，更是世界上最古的针织品。

当时制衣技术业已如此发达，看到周边民族仍披着兽皮、插着羽毛，或仍光着身体，自然会油然而生出一种文明的自豪之感，自认为是"衣冠上国"，并把衣裳视为文明的代表或象征。

《易·坤卦》六五"黄裳元吉"，《象传》说："黄裳，元吉，文在其中。"即指此而言。黄是中央之色，元吉是内外均吉之意。穿着中央正色的服装，体现出有文明的样子，正是大吉大利之象。

文明之"文"，其意义也出于此。文，本是花纹之纹，虎豹身上有花纹，人的花纹则在衣服上表现。因此天之文是日月星辰，地之文是山川原隰，人之文就以衣裳为主。"文""文章"二词，古代本不指文字或篇章，而是指黼黻章甫。

也就是说，服饰在中华文明中有特殊之地位，是中华文明的代表。服装乃是古代中国人对文明的体会与思考之基点，穿衣的和不穿衣的，即是文明与野鄙之分。肉袒示人，象征羞辱他人（如祢衡击鼓骂曹时要肉袒）或屈辱自己（如廉颇负荆请罪时、勾践投降时也要肉袒）；赤身露体，则是出乖露丑的不礼貌行为。

相较之下，欧洲古代或古印度就无这种服饰文明观，所以都把身体视为文明之基点，研究体相、审美裸体。

古印度婆罗门盛行相法之学，要研究大人之相。因此婆罗门之智慧，就很强调相人之术。如《佛本行集经》卷三中："（珍宝婆罗门）能教一切毗陀之论，四种毗陀皆悉收尽。又阐陀论、字论、声论，及可笑论、咒术之论、受记之论、世间相论、世间祭祀咒愿之论。"所谓"世间相论"，与婆罗门五法中的"善于大人相法"，都是相术。可见相法是婆罗门极为重要的才能。

古希腊亦甚重视人的形相问题。亚里士多德《体相学》说："过去的体相学家分别依据三种方式来观察体相：有些人从动物的类出发进行体相观察，假定各种动物所具有的某种外形和心性。他们先议定动物有某种类型的身体，然后假设凡具有与此相似的身体者，也会具有相似的灵魂。另外某些人虽也采用这种方法，但不是从整个动物，而是只从人自身的类出发，依照某种族来区分，认为凡在外观和禀赋方面不同的人（如埃及人、色雷斯人和斯库塞人），在心性表征上也同样相异。再一些人却从显明的性格特征中归纳出各种不同的心性，如易怒者、胆怯者、好色者，以及各种其他表征者。"可见体相学在希腊也是源远流长的。

由于盛行体相学，身体之美便被他们研究并欣赏着。大量雕刻均可证明这一点。

中国体相观的第一个特点却是不重形相之美，亦无人身形相崇拜。第二个特点是形德分离，"美人"未必指形貌好，通常是说德性好（为了强调这一点，往往会故意说丑形者德充、形美者不善）。三是不以形体为审美对象，而重视衣裳之文化意义及审美价值。

古人论美，常就"黼黻文绣之美"（《礼记·郊特牲》）说。说容，也不只指容貌，而是就衣饰说，如《荀子·非十二子》："士君子之容：其冠进，其衣逢，其容良，俨然，壮然，祺然，蕼然，恢恢然，广广然，昭昭然，荡荡然，是父兄之容也。"这衣冠黼黻文章，就是古代"文"的意思，一民族、一时代乃至一个人的文化即显示于此。像希腊那样以裸身人体为美者，古人将以之为不知羞，谓其野蛮、原始、无文化也。

历来帝王建立新政权亦无不以"易服色"为首务、重务。这即是以衣饰为一个时代文化之代表的思想的具体表现。推而广之，遂亦有以衣裳喻说思想者，如颜元《存性编·桃喻性》说："天道浑沦，譬之棉桃：壳包棉，阴阳也；四瓣，元、亨、利、贞也；轧、弹、纺、织，二气四德流行以生万物也；成布而裁之为衣，生人也；领、袖、襟裾，四肢、五官、百骸，性之气质也。领可护项，袖可藏手，襟裾可蔽前后，即目能视、子能孝、臣能忠之属也，其情其才，皆此物此事，岂有他哉！不得谓棉桃中四瓣是棉，轧、弹、纺、织是棉，而至制成衣衫即非棉也，又不得谓正幅、直缝是棉，斜幅、旁杀即非是棉也。如是，则气质与性，是一是二？而可谓性本善，气质偏有恶乎？"

另外，《尚书·益稷》载舜向禹说道："予欲观古人之象，日、月、星辰、山、龙、华虫，作会；宗彝、藻、火、粉米、黼、黻，绨绣，以五采彰施于五色，作服，汝明。"把日、月、星辰、山、龙、华虫绘在衣上，把宗彝、藻、火、粉米、黼、黻绣在裳上；或加以差参变化，如以日月星三辰为旗旌，以龙为衮，以华虫为冕，以虎为毳；或之为上下级秩之分，如公用龙以下诸图案，侯用华虫以下诸图象，子用藻火以下各象，卿大夫用粉米以下等等。此即为象也。象非人体形相，乃是秩宗之职、章服之制、尊卑之别，整体表现于衣饰上。观此图象，即见文明。故舜问禹曰："汝明白乎？"

这就是"以五采彰施于五色作服"以为文明的想法。象不以形见，文明不由体相上看，故《易》论"文"，以虎豹之纹为说。人身体上的衣服，则如虎豹之纹。其论文明文化，也从不指人体。《坤卦》

六五"黄裳在其中，而畅于四肢，发于事业，美之至矣"，即为一证。此不仅可见文明文化是由衣裳上说，更可见中国人论美，不重形美而重视内在美，是要由内美再宣畅于形貌四肢的。

相对于中国，欧洲人其实并不重视衣服。因为，衣服在以身体本身作为审美对象或文明对象时，乃是不重要的，只起一种装饰作用或遮掩作用，或利用它来表现肌肉、骨体，重点其实皆不在衣裳而在躯体。

那时的衣服，大抵亦只如我国新石器时期，以贯头式、披风式、披肩式为主。这亦有无数雕塑与画像可证。后来的服装，当然剪裁搭配不断进步，但把衣服视为身体的附件，或身体的延伸，仍是欧洲非常主要的思路。通过衣服，企图表现身材；或以衣服修饰身体，构造出一种身体的假象 [苏珊·朗格《情感与形式》一书，曾用艺术是一种幻象（illusion）或假象（virtual image）的观点，描述建筑是一种假的民俗领域（virtual ethnic domain）、雕刻是假的运动容量（virtual kinetic volume）、舞蹈是假的活力（virtual vitality）、文学是假的生活或历史。若依其说言之，则欧洲的服装艺术也可说是创造了一种假的身体]。

时至今日，欧风东渐，中国人早已改穿洋服了，时尚界更是唯欧美马首是瞻。把衣服当作身体的延伸，或以衣服创造出身材假象的观念亦早已"全球化"，中国这种真正的服装文明观却乏人闻问。观古鉴今，实在令人感慨万端。

目前不是没有东方主义式的想法，但大体是在服膺欧西身体观的情况下，吸收东方元素。东方，被拆解成一些元素，例如用色、用料、图案、襟扣、袖口、裙边等等。其实这些元素，脱离了中华服装观的整体思维，只是一堆零碎的符号。拼贴镶嵌之，固然可在欧西时尚中增添一抹风情，但那就像从各处随意挪置拼组欧洲建筑语汇盖成的房子一般，不伦不类，常是要令人失笑的。

须知"服装的文明观"与"身体观的服装"，基本思路是不一样的。例如要体现人的骨架，衣服自然就会突显肩胸，有时甚至要垫肩来修饰体架不够挺拔之病，连女装也要垫肩。可是中式服装却是圆肩的，衣服由领口直接垂至腕上才接袖，不把接口拉到肩上，这样的上衣和宽长的下裳配合起来，才有"垂衣裳以治天下"的感觉，人显示为一种坐如钟、立如松的形相。这种感觉与形相，非自然之身体感，而是一种文化感。可是目前许多人做中装或穿中装时，丧失了这种文化感，照着西装的剪裁与板型去做，接袖、垫肩、突胸、圆膀、全剪裁，跟西装根本没什么差别，只是加上对襟扣，或绣龙刺凤，印上大团花罢了。不仅僿俗难名，整个感觉就都是不对的，又像寿衣，又像员外官服，又像做错了的中山装。

服装文明观还有一个重点，在于服装是用以体现礼乐文明的，服装与礼文的关系至为紧密，而我们现在基本上就丧失了这个面向。社会不同阶层、不同流品、不同职务、不同场合该穿什么、怎么穿，无人讲究，早已看不出服装与礼的关系了。而礼是社会的稳定性因素，目前服装界则以流行、时尚、求新求变为主，关于礼的"服制"问题，当然也就少人问津了。

再者，中华文明，既是由服冕文章开端的，则后来发展起来的艺术或文明形式，诸如文字、书法、绘画，自然也就常汲源于衣服。舜说的"古人之象，日、月、星辰、山、龙、华虫，作会；宗彝、藻、火、粉米、黼、黻，绣绣，以五采彰施于五色，作服"，正是尔后中国艺术取象之源泉。可惜这部分，近人也很少关注了。

总之，"服装的文明观"与"身体观的服装"，这种种对比，还有许多文章可做。经由这种对比，相信也必能激发中国服装界许多新的创意，走出一个突破欧美服装观的新格局。谨提供这个历史的角度、比较文化的方法，以为参考。依我看，只有这样做才有前途。目前服装界之所谓新设计、创品牌，不过是欧美的山寨版而已。

什么是汉服

中国古代夙以"上国衣冠"自负，如今却遍地西装洋服。有些人开始反省了，所以渐渐就兴起了"汉服运动"，想发展汉服之传承。

由于运动初起，对服饰传统还不是十分了解；入手又常以穿戴、制作、剪裁、外拍为主，关注常只在技术层面，方向及意义还未深入讨论。整个运动又有抵抗世俗之意蕴，故有些团体提出之主张亦不免有激矫的色彩。外界对之，则常因不了解而批评横生。

早在 2009 年 3 月，中国服装论坛的主题即是：重塑危机后的中国服装品牌。其内容除了大趋势下的中国服装企业变革、直面网络营销、设计与服装的方向外，便已有一个文化与服装的议题，由我主讲"万国衣冠拜冕旒：重塑中华服装文明"，从思想上说明中国服装的基本体系。现如今关心、喜爱汉服的人当然越来越多，但有些常识还是得说一说，以供同道参考。

一

首先，要介绍礼服、吉服、常服、便服、工作服等概念。

穿衣服要看场合，这是服饰装扮的基本常识。像戏剧里皇帝整天戴着前面垂珠帘的冕冠或穿着明黄色龙袍，就是没常识的。

你如果去看欧洲人，就会发现他们不但有常服、礼服之分，礼服还有很多种，用以对应不同的场合。晚宴服（Dinner Dress）、晚礼服（Evening Dress）、舞会礼服（Ball Dress）都适用于夜间，但是须穿在不同活动场合，造型要求也不同。舞会礼服最华丽、暴露度也最高，近乎上身半裸。可若这样穿到晚宴上，就显得不知礼了。同样，日本和服也分不同级别以对应不同场合，已婚妇女的黑留袖，对应于西方的晚礼服，适用于婚庆等重要场合。但穿着这样的服装拜访朋友就成笑话了。

中国古代也一样。礼服也有不同级别以对应各种场合。皇帝戴冕冠就是礼服中最隆重的一种。以宋朝为例，只有在祭天地宗庙、受册尊号、册皇太子、元旦受百官朝拜等仪式中才会穿戴。其他各种礼服也都有相对应的祭祀与典礼，不能随便穿。清朝皇帝不戴冠冕，不过还是将传统礼制的十二章纹纳入皇帝朝服里，吉服上同样也有着传统的十二章纹。

在古装剧里常看到的皇帝黄袍，则属于常服。但常服不等于"平常穿的衣服"，而是"常礼服"的意思，在宴会与上朝时穿着。是相对"大礼服"而言的次级礼服。

至于真正日常穿的服装，叫作便服（现今，许多人批评穿汉服宽袍大袖，行动不便，其实指的是礼服。礼服本来就不适合日常穿着的。反之，一些汉服爱好者，穿着大礼服去逛商场、挤地铁、游公园，也让人窃笑。还有一些汉服推广者，煞有介事地教人分辨"汉服与日常衣服有何区别"，仿佛汉服不包括日常服，更让人无语）。

吉服的概念出现于明代，到清朝才被明确列入礼仪制度，隆重程度逊于朝服，但礼仪级别也很高，用于祭祀、重要节庆等场合，不是每天穿的。

礼服各个时代不同。古代以男子上衣下裳制、女子深衣制为原则。后来女装仿学男装，也采取上衣下裳制。

周代，王后有六种高贵程度不同的礼服：袆衣、揄翟、阙翟、鞠衣、展衣、褖衣，用以对应不同的场合（前三种因为上面都有鸟纹，

宋真宗章献明肃刘皇后

又称"三翟")。王后之外的贵妇则按照其夫的品级,享有数量不等的礼服。如庄姜是卫侯夫人,她就有揄翟及揄翟以下的五种礼服;而她随从里的庶士,其妻的礼服就仅有褖衣了。

周朝制度,缺乏图像资料,但这个体系是延续的。从宋代皇后的画像上看,都是头戴龙凤花钗冠,身穿深青织五色翟纹的袆衣。但这身大礼服只有在受册与朝谒景灵宫时才穿,一年穿不了几次。妃子与命妇的大礼服(揄翟和翟衣)在造型上和袆衣类似,只是花纹等细节不同(例如鸟纹的数量)。

这个基本服装区分,到民国时虽仍依循着,但具体以什么作为礼服时,却提倡西化。民国元年(1912)公布的《服制条例》中,竟规定穿西式礼服。"长袍马褂"只属于常服。

二

换言之,民国以后的服制,才开始脱离中国传统。但它毕竟还有些传统的遗存。例如规定女子礼服是"褂裙"。这跟长袍马褂一样,其实都是清末的流行服装。

也就是说,礼服之形成,有个规律:经常是旧时装变成了新时代的礼服,在礼俗中有特殊的意义。如现在潮汕地区婚俗中新娘穿着的"龙凤褂",其实就是从清末民初的"褂裙"演变而来的。

再以"霞帔"为例。这原是唐代的流行,指色彩艳丽如云霞的帔子。初唐时流行宽大款,像包着羊毛披肩;盛唐时像围巾一样披在肩头；中唐以后越来越长，通常在身前盘绕，岐尾放在身后或手臂外侧。

到了宋朝，这就变成了贵妇们的常服。而"霞帔"也成了一种身份的代表。在宫中，若一名宫女被提拔起来，将会得到一个"紫霞帔"的最低等级封号，再往上升为红霞帔。

同理，袍衫与大袖衣，在晚唐五代时仅是一种时装，但到了宋朝时就成了民间的礼服。

元代时，规定汉人的婚姻采行"汉儿旧来例"，主要参考《朱子家礼》。女性着大袖衫，事实上也是以前代服装为礼服。

明代新娘礼服的圆领袍（装饰云肩、通袖襕、膝襕纹样的通袖袍），也是金元时期的流行。

类似褙子的对襟长外套，则是晚明的时装。清朝以后，地位越来越高，渐成为汉族妇女的礼服。当时也称"褂"或"大褂"，搭配以大红绣裙，是正妻才能穿着的隆重服装（若丈夫去世，寡妇只能穿湖色、雪青之类素淡颜色的裙子）。民国元年服制中的女子礼服，正是这种披风加长裙！

民国十八年（1929）修改了旧的条例，新《服制条例》里，女子礼服是蓝色长旗袍（底下搭裤子）或蓝色斜襟上衣配黑长裙，男子礼服则是袍褂。这是什么呢？不就是稍早之前的流行服装吗？你看孙中山、蔡元培、胡适、鲁迅，谁不是常穿这样的长袍马褂？

至于旗袍，大约在民国十年（1921）才诞生。它并不是"清朝旗人的袍子"，而是民国初期的时装。基本上跟男人的袍子一模一样，下摆宽大，而且配裤子。后来随着流行，旗袍的长短宽窄、开衩高低有所变化，但要配上外袍长度相当的衬裙、衬裤，脚上穿着长丝袜，才是完整的一套民国初期旗袍。现代旗袍露大腿这种样式，当时无之，旗袍的开衩都在膝盖上下。到抗战后期，旗袍才开始有比较明显的收腰。

总之，礼服之样式，常以前代之服装为之，一部分沿用从前的礼服，一部分以从前的时装为新时代的礼服。所以礼服相对于现今时装，都会显得古雅些。事实上，这也是世界服饰的规律，各国都如此。现在有人骂汉服运动者复古、想去棺材里挖宝，只是因为缺乏这些常识。

三

这又关联着另一个问题，即汉服之"汉"，是否应排除少数民族服饰。

近年来有人拿汉服说事，说汉服只能是汉族的服装，辽金元清的、各少数民族的都不算。偏激的甚至说中国没有元朝和清朝，是被殖民统治，穿长衫的都是"清粉"等等。

说的人义愤填膺，听者细想却不觉要哈哈大笑，哀悯其无知。照上述逻辑，莫卧儿帝国不能算入印度史（泰姬陵即是莫卧儿帝国的建物），而那可怜的英国，自从威廉带着一票高卢人入侵后，竟硬生生被殖民至今，现在的王室还是德国来的呢！

这样说，除了激化对立，自己生出敌人来之外，能有什么好处呢？

专就服装看，这也是不懂得服装是一直在交流中发展的。

这些人排斥辽金元清，高举唐宋明。不妨来看看唐宋明是怎样的。

唐承五胡乱华之后，本身又有胡人血统，颇染胡风，就不多说了。宋代可是纯粹的汉了吧？沈括《梦溪笔谈》就说到："中国衣冠，自北齐以来，乃全用胡服。窄袖、绯绿短衣、长靿靴、有蹀躞带，皆胡服也。"

北齐以来，男人穿的多是胡服，窄袖圆领衣、长靴、能装备多种生活工具的蹀躞带。只不过后来蹀躞带上用来绑系物件的皮带被省略，盛唐以后的服装则越来越宽松，宋代流行穿鞋而不太穿靴子罢了。所以宋代汉人跟辽国契丹人的服饰并没太大区别，只不过辽人较习惯左衽而已。

宋代汉人跟契丹人服饰相似，不只因汉人已长期染有胡风，更因辽人也在汉化。辽太祖耶律阿保机时，曾实行"以国制治契丹，以汉制待汉人"的不同管理办法。不过等辽太宗耶律德光灭了后晋，把后晋所有衣冠、文物、仪仗等全都搬回自己家穿戴起来后，就变成"太后，北面臣僚国服；皇帝，南面臣僚汉服"了。重大的祭祀与仪式场合，甚至所有人都穿着汉式礼服。

金人刚刚入主中原时，强力要求汉人仿照女真式样剃发易服，不从则杀。后来却也汉化得厉害。

可是在所谓"汉化"中，汉人一样也学金人。前文即已说过：明代新娘礼服的圆领袍，便是金元时期的流行。

金朝贵妇又流行披戴四合如意云头的云肩，而官员常服的肩、胸、背间则饰以形状颇类云肩的金绣花纹或大型团纹，描绘着春水天鹅、秋山熊鹿等自然景物。这种盖满两肩与上身的装饰法，蒙古人也很喜欢，他们不但用金线织出这种大片花纹，更把花样延伸到了两袖及下裰，愈显华丽。

明朝人也对此极为欣赏。明太祖画像上穿的那件"前后及两肩，各金织蟠龙一"常服，或孔府藏的大量柿蒂云肩纹通袖襕装饰的袍衫等，就都来自金元的审美。

正因为"士庶咸辫发垂髻，深襜胡俗，衣服则为裤褶窄袖及辫线腰褶"，深受蒙古影响。明太祖因而下诏要求"复衣冠如唐制"，"不得服两截胡衣"。

然而，从《明宪宗行乐图》看，后来皇帝自己就爱穿两截胡衣、头戴蒙式缀珠大帽，身边内侍也都做这等打扮，可见实情不能只看诏书。

而且据马可·波罗记载，元朝每年有十三次大朝会，所有贵族们按节令穿着同一颜色的"纳石矢质孙服"，也就是以织金锦（纳石矢）制成的上下同色连衣裙。这种款式，到明代称为"曳撒"，徐克电影《龙门飞甲》里，锦衣卫们穿的就是曳撒。

清代女人的服装则要分开讨论，男人被要求辫发，女人服装的差异倒不在满汉，而是"旗""民"。区分的标准是制度，不是种族。不管原本是满人、汉人还是蒙古人，只要入了八旗，就算是旗人，要按旗人的生活方式行事，如打三个耳洞、戴三对耳环。清代选秀女时，一耳三钳与不缠足都是必要检查项目，乾隆就曾说："旗妇一耳带三钳，原系满洲旧风，断不可改饰。"

若属于民籍，各族女性可以穿各自的礼服。如乾隆时的《崇庆皇太后八旬万寿图》里描绘清代宫廷宴会时，旗人贵妇群中坐着几个红袍珠冠女子，就是汉人命妇；高帽对襟外挂的，则是回部女子。

也就是说，清朝对女人服饰是想各行其是的。而这种政策，当然也就使得汉服体系延绵不断。

由以上简略的说明，读者自会理解到服饰一直是在动态发展中的，我们现在说的汉服，其中即包涵了上述各少数民族服饰元素。我们不能天真地想象有一种纯粹的汉人和汉服。像彝族女人一身斜襟盘扣的小褂，其实就是清朝的小褂；纳西族的服饰，则跟贵州天龙屯堡之类所谓明代服装相似等等。

目前汉服运动风起云涌，当然不反对大家各有主张。但无论如何主张，总要有点汉服基本常识才好。无知者狂热起来，太可怕了！

汉服西渐五百年

今人谈到时装时尚的问题，都不免感叹欧美时尚业之发达，其香水、服饰皆令我邦士女着迷。汉服运动者尤其哀叹西力东渐，国人都已洋化，都穿西式服装，而丢失了"汉家衣冠"。

对此，我亦同慨。然而颇惜国人尚仅知其一不知其二也。

因为现在欧美所谓现代时尚服饰，正是深受东方影响而然的。

一、中国人脑袋中错乱的东西方关系

此犹如咖啡。

咖啡乃不折不扣之东方饮料，其产地不在欧洲，而在北回归线附近的热带、亚热带。由中国之海南岛、台湾，延伸到越南、马来西亚、印尼以及阿拉伯等地（后来再加上南美洲之巴西）。

它作为饮料，则由北非、阿拉伯人提倡起来，包括制作咖啡豆及熬煮之方法皆然。

后来在18世纪因缘际会，传入欧洲。上层仕女以为舶来品，竞相学习着饮用。宗教人士，尤其是基督新教，则谓其可以止睡，又可替代酗酒，可让信徒过着较理性化的生活，故也鼓励饮用，以致大流行。与同样属于东方传来的饮料——茶，平分秋色。

然而这种东方饮料，由于晚清以后，国人看西方人都在喝咖啡，竞想当然尔地视为西方饮品之代表。

咖啡文化遂如此稀里糊涂地，在中国人脑子中与欧洲之浪漫意象结合，也与时尚新潮结合了。觉得喝茶土，喝咖啡才洋气，而不知道人家只把咖啡当工作饮料，真正高阶层宴会、休闲下午茶，都是喝茶的。你到英国皇室纪念品销售网上一查，就知道：卖的都是茶与茶具，谁卖咖啡？

二、西方现代服饰的东方渊源

服装也是如此。

19世纪，欧洲男子仍在戴假发、化妆呢！要到1840年左右，才改为穿紧身裤、打领带、穿燕尾服。

女人则穿用鲸鱼骨做的束腹内衣。正式一点的女装则需订制，所以1868年法国就成立了高级订制服协会。

这时男人女人的身体都还是被束缚住的，男装取法于甲胄，女装强调"S"形曲线。

1875年，英国李伯蒂（Liberty）百货公司开幕，才开始带来了变化，标志着现代服装的兴起。

同年，德国设计师赛格访日归来，作《日本艺术》一书，推动新艺术运动（Art Nouveau）于巴黎，带动了巴黎的东方风潮。

接着1900年法国举办第五届万国博览会，日本演员贞奴穿着和服表演，轰动了巴黎时尚界。

这一波东方风潮影响所及，包括像LV这样的品牌，事实上就结合了浮世绘、和服、日本家徽等元素。

波瓦雷（Paul Poiret），这位杰出的设计师，更开始不用束腹内衣。且因受和服及希腊长袍之启发，让女人的身体从服装中复活起来了。1903年，他创业的第一年，就推出了"孔子大衣"，标明了这场新服装革命的东方渊源。

1910年，香奈儿进一步放弃了刺绣、蕾丝。大胆启用黑色单色，以休闲、简约、帅气为号召，即是由波瓦雷再往前跨，以致逐渐形成尔后女装往反体制、具解放精神上发展。

20世纪20年代，伊尔莎·斯奇培尔莉（Elsa Schiaparelli）和薇欧奈（Vionnet）把和服风格的悬垂线引入了现代服装。薇欧奈、保罗·波瓦雷、莫里·纽克斯（Moly Neux）等也各有相关作品。

20世纪60年代的阿曼尼，更把男人由盔甲般的男装中解放出来，使用宽肩、软布料，故深受上班族之喜爱。

20世纪80年代，日本川久保玲、山本耀司两位设计大家雄踞巴黎，法国仅一位戈尔蒂埃（Jean-Paul Gaultier）引领风骚，而东方主义乃二次大盛。

不只川久保玲他们的黑色基调大行其道，日本漫画、卡通、和服，中国旗袍，印度纱丽，都成为时尚服饰的重要元素。

直到现在仍是如此，英国品牌 Marchesa 2018 春 / 夏时装秀上也借鉴了和服的腰带和袖子，品牌 Visvim 则把二次大战的夹克重新设计成了和服。

因此，所谓巴黎、米兰、伦敦、纽约之时尚，一如咖啡，国人以为是西方的，实则是吸收学习于东方而形成的。

这是那时整个西方艺术发展的趋势，像西方现代绘画，也和美服制作一样。19 世纪后半期，日本浮世绘被大量介绍到西方。西方的前卫画家，如马奈、惠斯勒、德加、莫奈、罗特列克、凡·高、高更、克里姆特、博纳尔、毕加索、马蒂斯等，都从浮世绘中获得过启迪，如无影平涂的色彩、取材日常生活的艺术态度、自由的构图、对自然的敏感等，推动着从印象主义到后印象主义的绘画发展。

三、孔子的大衣，衣被西方

以上说的西方服饰之东方渊源，看起来是在说日本。其实不然，你注意到了吗？波瓦雷创业第一年，推出的划时代杰作，名字就叫"孔子大衣"。

为什么？自 18 世纪以来，欧洲在服装领域就一直在学中国的纺织品纹样、服装款式和色彩。

这个大潮流，发展到清末，中国整体国势衰弱，他们才改由日本方面获取补充。故 19 世纪 60 年代中期，日本风格的各种工艺品，继 18 世纪中国风（Chinoiserie）之后，成为欧洲流行之物。设计师们均按照和服的样式修改他们的线条，以满足新的狂热。时尚沙龙里，如果没有日本扇子、印刷品和成堆的和服，工作室就不会被认可。

但这仍是中国风的延伸或支流，仍算是中国服章的影响，因为谁都知道日本服饰的中国渊源。

这是整个学界和服装界的基本共识。美国人 Honour Hugh 写 *Chinoiserie:the vision of Cathay* 介绍中国风的产生、发展和对欧洲艺术的影响（如巴洛克时期，包括路易十四庭院中的中国风，凡尔赛的例子，复辟时期的中国风等；洛可可时期，路易十五时期的中国风，中国瓷器，德国和斯堪的纳维亚的中国风等）时，即分析了中国风格与日本风格的渊源和区别。事实上也就是把日本的影响当作中国风的延伸或支流。

四、中国风：长风几万里，吹度玉门关

而说到中国风，话就长了。我用最简单的方式讲讲服装部分。

中国古代丝绸等纺织材料和技术，天下第一，是不用说的了。西出阳关，被商贾行销到整个西方世界。

古代西方既没有丝绸绫罗锦缎等材料，其织机也甚落后。因为使用竖机，不能使用较多的综片，也不能利用脚踏控制经线的提升

或间丝，织不出结构较为复杂的织物。直到6、7世纪，西方才改用中国式的水平织机，织出较复杂的提花织物。

古代丝路的贸易量，不好统计，后来海上贸易则稍可考证。从1580年到1590年，中国每年运往印度的丝货为3000担，1636年达到6000担，到了18世纪三四十年代，欧洲每年的丝绸进口量多达75000余匹。

在利益驱动下，欧洲织纺也开始绘制龙、凤、花鸟等中国传统图案，自称"中国制造"，假冒原装进口。而为了仿造，欧洲丝织厂的画师甚至人手一本《中国图谱》。连路易十四在凡尔赛宫举行盛大舞会，也曾身穿中国服，坐一顶八人大轿出场。

法国画家布歇则绘制了《中国花园》《中国捕鱼风光》《中国皇帝上朝》《中国集市》，市面上更出现了大量的中国人物和青花瓷、花篮、团扇、伞等图画。贵族们收购这些画、挂毯和衣饰。

18世纪，中国风纹样在欧洲大行其道，据说要归功于法国最大的沙龙女主人、法国国王路易十五宠信的蓬巴杜夫人的倡导。宫廷画家布歇的油画《蓬巴杜夫人肖像》中，她即穿着绣有中国风花样的长裙。此外，在印染花布上也纷纷印制中国风花样。

凡此等等，包铭新《欧洲纺织品和服装的中国风》等中外文献早有论述，只是国人一般不太了解而已。但这里也不用细说。

总之，中国服装体系自古就对欧洲影响深远，而在这几百年的中国风氛围中，影响尤其强烈。

这种影响是持续的。19世纪30年代，英国绅士喜欢用杭纺做衬衫、紫花布做裤料。一些清代服式也以"曼特林风格"（Mandarin style）的名称被效仿。马褂演进为女式晚礼服外套，花翎项子一变而成"曼特林帽"（Mandarin hat，一种插羽毛的女帽），流行于19世纪60年代。

且人家是真心在学，因此仿中国的织品有时几可乱真。故宫博物院有一块湖色罗纹地竹叶纹绸，就曾被误认作是中国产品。后来发现布头背面打有一淡紫色印记（用的是 Staznp Pad 而不是中国印泥），在一鸭子商标四周有产地的记载，才知是法国里昂产品，不知如何进入宫廷供"御用"了。

那几世纪，经常被借鉴的汉人服装是褙子，这是宋代皇后、贵妃以至奴婢、侍从均喜用的式样，以直领对襟为主，前襟不施襻纽。袖或宽或窄，长度不一。另在左右腋下开以长衩，也有不开侧衩者。其次是马褂，但是立领对襟，这是除了旗袍之外西方设计师借鉴最多的中国传统服装形式。

20世纪初，保罗·波瓦雷想改革欧洲的紧身服装，他吸收了中国没有接袖的连袖式、长而宽松的直线条裙子，以及旗袍臀部放宽、下摆收拢、两边开衩的样式，名为"孔子大衣"，以解放身体。

底下的故事还很多。包括卢卡斯导演的《星球大战》前传《幻影的威胁》中银河女王的服装，就有三套中国风。一套源自清代后妃朝服，肩部有类似佩披领的造型；一套源自宋代和明代流行的褙子；另外一套综合了中式立领和中国古代服装的大袖子。

五、传教士穿汉服

如果说以上讲的还只是大趋势的话，那么更具体的实证，就是耶稣会传教士利玛窦改穿汉服。

1595 年 5 月，利玛窦（Matteo Ricci）在江西樟树改换儒服，向来被视为西方传教史中最具象征意义的标志性事件。金尼阁神父在1610 年的信中即特别指出这一点，并大加赞扬。

利玛窦入华之初，本来是改换成中国僧人服装的。

汉地僧袍，其实也是不折不扣的汉服，因为小乘、南传、藏传，乃至中亚、印度都不这样穿。乃是就汉地原有服装，规定了颜色，稍微改变其式样而成，如缁衣之类。传统法服，三衣五衣之类，只在法会期间穿。

12 年之后，利玛窦觉得传教的主要竞争者是佛教，所以不如易换儒服，跟儒家站在一起。儒士也远比僧人更受社会重视。

不过，利玛窦并不是入华耶稣会士中易换服装的第一人。第一人是罗明坚（Michele Ruggieri）。

1583 年 2 月 7 日，罗明坚写给总会长阿桂委瓦（Beao P.Rudoifo Acquiviva）神父的信中说是肇庆的两广总督建议他们穿僧装的。他们欣然同意，因为"不久我们将化为中国人"。

利玛窦初入中国时，清人张尔岐《蒿庵闲话》卷一说："利玛窦初至广，下舶，髡首袒肩，人以为西僧，引至佛寺。"后来是看了罗明坚他们的做法，才改穿汉僧服装的。所以这是第一次改装，第二次才改成儒士服。

他对这套衣服极为满意，1595年11月4日致总会长的信说："离开韶州前，已经做好一套漂亮的绸质服装，准备在特殊场合穿用，另有几套为平日使用。所谓漂亮讲究的，即儒者、官吏、显贵者所用，是深紫色近乎墨色绸质长衣，袖宽大敞开，即袖口不缩紧，在下方镶浅蓝色半掌宽的边，袖口与衣领也镶同样的边，而衣领为僧式，几乎直到腰部。腰带前中央有两条并用的同样宽飘带，下垂至脚，类似我们的寡妇们所用的。鞋子也是绸质，手工很细。头戴学者所用之帽，有点像主教用的三角帽。"

于是，利玛窦高冠博带、美髯垂胸的新形象，当时就广为人知，也引起了欧洲同行的羡慕。

六、以审美跨越鸿沟

易服色，在中国文化传统中极为重要，例如北魏孝文帝改换汉服，就代表了对中国文化的认同，甚至是汉化。因此利玛窦改穿儒士服，过去讲中西文化交流的人都非常关注，认为这表示了他对儒家的认同。由于利玛窦与徐光启等儒士官员的交往，甚至翻译中国经典，更让大家在此多有想象。

但其实这只是耶稣会士们在远东地区甚至整个东方普遍采用的策略。利用改变形象来接近社会高层，以利传教。

所以汉装儒服只被他们当作工具使用，他们骨子里还是基督徒，还是要传教的。

最多可以说他们算是对汉文化有好感的一群人，也愿意与儒家同盟，对抗佛教。别的不谈，至少，汉服之美确实打动了他。他对那套"漂亮讲究"的儒服的喜爱，便说明了一切。

同样，西方那些中国风的爱好者，君王贵胄、妇女商贾、模特儿、设计师，基本上也都各怀利益动机，只把中国服装作为工具使用，未必即认同其中的文化内涵和价值观。

但审美终究还是跨越了鸿沟，华风西渐，衣被西方500多年了。未来还能不能持续这样的影响，则要看新一代"美盲"的人能不能开眼。以汉服对抗西服，更有点文不对题。

饮食大道理

丹麦生蚝泛滥成灾，号召中国人民赶快去吃；澳洲三文鱼泛滥成灾，又号召中国人民去救灾。

中国人听到这类消息，都当成奇谈。一方面是心理上还不适应当人类救星，一方面又奇怪：吃鱼吃蚝有啥难的？难道老外还真不会吗？

是的，饮啖绝技，别人就是不懂。例如蒸鱼，多简单呀？可全世界都不会！即使是日本，其料理中也仅是生食、煮食和烧烤。除蒸蛋等一两样外，几无蒸菜。更不要说其他国家了。英国19世纪以后可以运用蒸汽做出火车，迄今却还蒸不出一条鱼来，而中国人至少6000年前就会了。至于炒菜，中国古代也不会，宋代以后才发展了的，现在更没别的民族会。

可见烹饪并非易事，懂吃，也比造飞机、火车难多了。

饮食烹饪，既为中国人所独擅，我们的许多文化表现当然也即与此深具关联。底下我略说一二。

首先，距今约9000年前长江流域已有稻作农业，比国外发现的最早的稻作遗存要早3000年以上。距今7000年以前黄河流域已有栽培粟作。小麦与高粱则在5000年前已有，跟非洲高粱、西亚小麦也根本无关。家畜驯养部分，马、牛、羊、鸡、犬、豕在新石器时代亦都已畜育成功，成为主要畜养及食用物。所以我们饮食文明发达之早，举世无匹。

其次，国际上颇有些人主张中国人种外来说，认为青铜文化等也是外来的。可是虽然苏美尔等其他古文明也有青铜文化，某些甚或早于我国，但我国青铜文化自有特色，饮食即为其特色。

因为我国出土的青铜器几乎没有农具，大量的乃是礼器。而礼器，大抵都是食器。这与其他文明完全不同。

如禹铸九鼎的"鼎"就是食器。直到现在，闽南语仍称锅子为鼎。而鼎又是政权的象征。鼎这种食器为何竟有如此重大的政治及权力意涵呢？礼器为何又多是食器呢？兵器、车器、农器、工器都不可能用为礼器，只有食器可以。何以食器有此地位？

答案不难索解。《礼记·礼运》早已讲过"礼之初，始诸饮食"，又说"礼必本于天，动而之地，列而之事，变而从时，协于分艺。其居人也曰养，其行之以货力、辞让：饮食、冠、昏、丧、祭、射、御、朝、聘"。古人的观念认为人要生存就需脱离竞争抢夺资源的状况，以"货力、辞让"来安排分配之，此即礼之所由起也。觅食求生是古时最基本的问题，故礼亦起于会餐分食之顷。有饮食乃有生命；有生命乃能长大成人，而遂有冠有婚有丧；有个人而后才有群体，群体间才需有祭、射、御、朝、聘等礼以"协于分艺"，才能形成一个彬彬有礼的社会。这是后世儒者对礼的发展及其内涵之解释。亦唯有如此解释，才能说明礼器与食器混同的现象，也才能表征出中国政治学以"养"为内涵的特点。

礼器中鼎、彝、爵、尊、盘、瓠均为主要饮食器。礼这个字，原本也是酒醴之"豊"，以敬神或敬人即是礼。此可称为"礼食一如"。而一个民族也须如此重视饮食，才会从饮食的角度看待礼的问题，此可称为"特重饮食"。

正因特重饮食，故铜器中食器之繁，令人叹为观止。以酒器来说，有酿酒的罍、贮酒的壶、贮酒而备斟的尊、装满以备移送的卣、温酒的斝、斟酒的升、饮酒的觯、可温酒而饮的爵、可烫酒的瓠，以至盂、卮、杯、觞等，简直不胜枚举。其中爵又用为爵位之爵，尊用为尊长之尊，孔子以"瓠不瓠，瓠哉"喻说政治抱负，庄子以"卮言日出"形容自己说话的方式，则都是饮食事物在思维活动中的延伸。

食用之法，中国以火食为特点。《礼记·王制》曾谈及南方有不火食的"雕题交趾"之民。"雕题"是文身之意。文身和生食冷食，都是中国人认为的文明未开的表征。《礼记·礼运》"昔者先王……未有火化，食草木之实、鸟兽之肉，饮其血、茹其毛"，《淮南子·修务训》"古者民茹草饮水，采树木之实、食蠃蚘之肉，时多疾病毒伤之害"，《白虎通》卷一"古之时未有三纲六纪……饥则求食，饱弃其余，茹毛饮血，而衣皮韦"，都表达了文明是以火食为征象的意思。孔子曾说"君赐腥，必熟而荐之"，也是这个意思。至今民间童谣仍在唱："小气鬼，喝凉水，喝了凉水变魔鬼。"中国人肠胃仍忌生冷，不像外邦人喜食生鱼、冷肉、凉水。

中国火食之早，是在周口店北京人洞穴中就已发现的了，这跟日本、韩国等及今尚喜生食冷食之民族相较，足见其早。但更重要的，还不只是早，而是善于用火。

一般民族逮到鱼兽或采集了黍稷，只能直接用火烧之烤之；次则烧热石块以烫熟食物，或用竹筒盛水米煨烘；再不然就用泥裹食物隔火烤之。现在各式烧烤、石板烧、竹筒饭、叫花鸡等，即属此类初级用火之道。故《礼运》说："中古未有釜甑，释米捋肉加于烧石之上而食之。"许多民族至今仍停留在这个阶段。

用釜甑就是较高层的用火之道了。先用火烧土成陶器，再用它盛物烹煮，就是釜；鼎则是釜的变形或发展；至于甑，是利用火烧水产生蒸气来蒸熟食物。

世上各民族用煮的办法多，懂得蒸的少。中国则在河姆渡文化时期已有甑，蒸在距今 6000 年前便已成为东方烹饪法之特色，欧洲人迄今尚不娴熟于此。蒸不是直接用火烧煮，而是火水相与式的，有"水火既济"之趣。它和宋代以后发明的炒菜法，都是中国烹饪术对世界的重要贡献。至今世界上懂得蒸菜和炒菜的民族，也仅我们一家。

火食之外，还有许多特点。例如刀工之繁复细致、酒曲之发明等等都是。进食之法也不一样。古以抓食为主。现今非洲、中东、印度尼西亚及印度次大陆的许多地区仍维持此种进食法。欧洲、北美洲现在以刀叉及汤匙进食，但历史不久。刀叉、汤匙等起先只作为厨具，10世纪以后拜占庭帝国时期才开始作为餐具，但为传教士和上流社会所鄙弃。英格兰伊丽莎白一世女皇、法兰西路易十四都喜用手抓，后者还禁止勃艮第公爵等人当他面用叉子。英国则迟至1877年仍禁止水兵用刀叉进食。要到18世纪以后，中产阶级用刀叉才较普遍。中国人却在4000年前已用餐叉了，以黄河中游为多。用匙，更早在7000年以前。至迟在商朝时则已开始用箸。

《礼记·曲礼上》说："羹之有菜者用箸，其无菜者不用箸。"煮菜羹煮肉汤，用箸去夹也最方便。正如吃涮羊肉时绝对无法用手、刀、叉、匙，只能用箸。

箸之用，当是伴随釜鼎羹汤来的。现今实物发掘固然只见到商箸，然其起源理应更早，而此后亦成为中国人主要的餐具，且影响遍及东亚大部分地区。箸，明朝以后称为筷子，在餐具中最平实、简便而技巧性最高，特色甚为明显，长挑近夹，无不如意，故亦可发展合桌会食的形态。使刀叉，就只能各自分食，不可能像中餐一样会食了。

以上说吃，接着还要讲饮食思维的传统。

饮食是本能，如何吃却是文化；把吃视为文化中一大事、要事，更是文化。这在我们社会中固已习焉不察，视为理所当然，跟别的文明比起来却极为不同。林语堂《中国人的饮食》中说："中国许多优秀文学家写过烹饪之书，但没有一个英国诗人或作家肯屈尊俯就去写一本有关烹调的书，他们仍认为这种书不属于文学之列，只配让苏珊姨妈去尝试一下。"《隋书·经籍志》所载食经已达71卷，《新唐书·艺文志》则达171卷，郑樵《通志》则记了360卷，可见其多，亦可见中国人对吃的重视。司马贞注《三皇本纪》说"太昊伏羲养牺牲以庖厨，故曰庖牺"，则竟把伏羲看成厨师了。

一般说来，对吃再怎么重视，吃毕竟只是吃而已。可在中国就偏偏不只如此。吃不只是吃，更是几乎可以延伸到一切事物上去的活动。许多事都可以用饮食去拟况说明。所以钱锺书《吃饭》说："伊尹是中国第一个哲学家厨师，在他眼里，整个人世间好比是做菜的厨房。《吕氏春秋·本味篇》记伊尹以至味说汤，把最伟大的统治哲学讲成惹人垂涎的食谱。这个观念渗透了中国古代的政治意识，所以自从《尚书·顾命》起，做宰相总比为'和羹调鼎'，老子也说'治大国若烹小鲜'。"

这叫作饮食思维。此种思维并不起于伊尹，乃是中国古代极普遍的思维模式。让我以《易经》为例，来做些说明。

作《易》者是观象而立卦，但天地之间，物象甚多，可以取象者也甚多，作《易》者为何取此而不取彼、所取又以何种物事为多，在在涉及了作《易》时的观念，故举其事类即可观《易》义。饮食事类，就是其中极重要的部分。《易经》中专论饮食之卦甚多，颐卦即为其中之一。卦象艮上震下，是雷出山中、春暖气和、万物长养之时，故曰："颐，贞吉；观颐，自求口实。象曰：颐贞吉，养正则吉也。……象曰：山下有雷，颐，君子以慎言语、节饮食……由颐，厉，吉，大有庆也。"颐，是指人的两腮，咀嚼食物时两腮就会动。颐卦全从饮食处立论，后世有成语云"大快朵颐"，出典即在于此。

此乃借饮食事而说义理，故取象于颐。类似者尚有鼎卦。鼎，离上巽下，巽是木，木焚后火焰上腾，即炊煮之象。炊煮用鼎，所以《象传》说："鼎，象也，以木巽火，烹饪也。圣人烹以享上帝，而大烹以养圣贤。"卦象中，九三指"鼎耳革"，谓鼎耳脱落了，象征"雉膏不食"。九四指"鼎折足"，象征打翻了菜肴，弄得汤汁满地。俗语"大亨""革故鼎新"，都出自这个卦。其义理均由用鼎煮饭吃之中悟出。"大烹以养圣贤"更是后来儒家政治哲学上一个非常重要的观念。

另外有不少卦，非取象于饮食，而是取义于饮食者，例如豫卦。豫，震上坤下，应是象征雷声震动，万物破土而出，但《象传》说："雷出地奋，豫，先王以作乐崇德，殷荐之上帝，以配祖考。"言圣王见此象，即应法象天地，飨荐祖先及上帝。由饮食论政，甚为明显。

也论饮食，但与鼎、颐、噬嗑略异者，则有观卦、中孚卦、损卦等。

观，坤下巽上，这个卦是讲观天文以察时变、观人文以化成天下的。其卦辞说"盥而不荐，有孚颙若"，《象传》曰"观天之神道而四时不忒。圣人以神道设教，而天下服矣"。为什么《象传》要从神道设教来解释观卦的卦辞呢？原来，观的本义即是观宗庙祭祀。盥，就是"灌"，祭祀时用酒灌地以迎神。荐，指献牲。

中孚，兑下巽上，泽上有风之象，卦辞说："中孚，豚鱼吉，利涉大川，利贞。"王引之云："豚鱼者，士庶人之礼也。《士昏礼》：'特豚合升去蹄，鱼十有四。'《士丧礼》：'豚合升，鱼鱄鲋九，朔月奠用特豚鱼腊。'《楚语》：'士有豚犬之奠，庶人有鱼炙之荐。'《王制》：'庶人夏荐麦，秋荐黍。麦以鱼，黍以豚。'豚鱼乃礼之薄者，然苟有中信之德，则人感其诚，而神降之福，故曰豚鱼吉。言豚鱼之荐亦吉也。"

损，兑下艮上，卦辞："有孚，元吉，无咎，可贞，利有攸往。曷之用？二簋可用享。"卦为大泽浸灭山土之象，故称为损。卦辞以祭祀用二盒饭为喻，孔《疏》云："曷之用？二簋可用享者，明行损之礼贵夫诚信，不在于丰。既行损以言，何用丰为？簋至约，可用享祭矣。"以上这几个卦，卦本身虽非饮食之事，亦非取象于饮食，但卦辞皆直接用祭礼等各种礼所涉及的饮食问题来说明卦义。

需卦也值得注意。需卦，需，乾下坎上，是需要的意思。这个卦虽不像颐、鼎两卦全从饮食上立论，但许多部分与饮食有关，至少《象传》认为它主要仍是在讲饮食，故《象传》曰："云上乎天，需，君子以饮食宴乐。"这是有道理的，因为人的需要固然不只是饮食，然而饮食毕竟是人的基本需求。卦辞九五"需于酒食，贞吉"，《象传》曰"酒食贞吉，以中正也"，即指此而言。人若能中正而行，自然能获得酒食；而有酒有肉吃，当然是大吉大利的。这个卦还有一个有趣的地方：上六说"有不速之客三人来，敬之，终吉"，

《象传》曰"虽不当位，未大失也"。正饮食宴乐时，客人不请自来，即请他们一道吃。虽不尽合于礼，却也没什么大错。此亦需义，可见人不能不考虑到别人或许也有不时之需，在自己有的吃时，应随机供给别人吃，而且要"敬之"，不能是施舍式的"嗟！来食"。

以上这些都是整个卦跟饮食有关的，还有许多局部与饮食相关的，就不赘述了。

《易经》论饮食事，其实尚不只于此，但排比事类，其义自显，故亦不烦一一缕述。要从这个方向来观察，我们才能理解到伊尹、老子、《尚书》以及孔子、孟子那种以饮食来说义理乃至论政事王道的方式，其实是渊源有自的。

在这种饮食思维浸润弥漫的社会中，其思想文化状况又会是怎样的一番光景呢？

对食色之欲的看法及处理方式，是一个民族文化发展中非常重要的部分，甚至可能是主要的部分。由于对这个问题的处理方式不同，才形成了各地不同之民族与文化。在这些文化中，对人生、对宗教，可能会有些理论去诠说、去铺陈其理念，但它的底子，像冰山潜隐在深水中的那个底子，可能是立基于有关饮食男女的一些态度。这个态度，影响着它的整体思维方向与内涵，却未必明言，或未必形成一套理论，未必以论理的方式来表达。因此，考绎宗教、讨论哲学、研究美学的人，也未必注意及此，以致空谈概念、拟测理境，而于古人之生活世界殊少契会，亦未能洞达诸人生观、宗教观之底蕴。

以宗教来说，中国本身发展出来的道教或其他各种民间宗教，无不"贵生"，珍重爱惜生命。为什么？这当然可以有其他思想上的解释，但中国人以生为乐的态度观念，难道不是个关键点吗？中国人的宗教，与佛教、基督教、伊斯兰教最大的不同，在于以生为乐，不认为人生有罪、人生是苦；而且缺乏彼岸之向往，没有一个死掉以后可以去享受快乐生活的天堂、极乐世界。中国人的极乐世界就在这个我们所生活的人间，所以中国人不是劝人"往生极乐"，而是召唤死者"魂兮归来"。换言之，一种贵生的、此岸的、现世的宗教观，即本于一种特殊的人生态度。此种宗教观，唯有透过这般文化宗教学的阐析，才能豁然昭显。

那么，人生之所以可乐，甚且至于"极乐"者为何？人又用什么召唤魂魄归来呢？《楚辞》里的《招魂》《大招》都一样，先说魂魄四处游荡不好，到处充满了危险，还是赶快回家吧。接着就说家中准备了好酒好菜、美丽的女人，可供你享用，所以"魂兮归来，返故居些"。死后世界阴冷恐怖，活人的生活则充满了酒的香气、肉的味道、女人的笑语，两相对比，死人能不动心吗？

这种生活的第一个特点，就是有吃喝之乐。据《招魂》说，这叫作"食多方"，什么都有得吃：稻米、粢稷、稻麦，杂糅着黄粱煮成的饭。豆豉、咸盐、酸醋、椒姜、饴蜜等众味并呈。肥牛的筋肉，煮得熟烂而且芳香；调酸醋和苦汁，陈列出吴国道地的羹汤。煮的鳖、炙的羊，又有甘蔗的汁浆。酸的鸽、蘸了点汁的凫，还有煎的鸿雁和鹤。露栖的土鸡、炖煮的海龟，味道芳烈而且不败。粔籹、蜜饵，还有干饴。瑶白色的酒浆、蜜制的甜酒，斟满了羽觞。滤去酒滓的清酒掺入冰喝，醇酒的滋味是既清凉又舒爽。华彩的酒器都已陈列，还斟上了琼玉色的酒浆。所以说：回来吧！重回到故乡！《大招》描写吃的场面也不含糊，大约有四大段，一说吃五谷杂粮，二说吃猪狗龟鸡及蔬菜，三说吃飞禽，四说饮美酒。

由这样的描写，可知饮食之乐是人活着时最主要的快乐，甚或可以认为是人活着的主要目的。因为有那么多东西好吃，所以人才舍不得去死，所以死掉以后的魂魄才会为着贪恋这种快感而还魂归阳。这个观念，对于理解中国人的生活世界来说，真是太重要了。

可不是吗？试看《诗经·小雅·天保》，说上天保护我们、神明佑庇我们，让我们过着好日子："神之吊矣，诒尔多福；民之质矣，日用饮食；祥黎百姓，遍为尔德。"老百姓没什么别的想法，既不求上天堂，也不想获得拯救，更不认为有什么罪孽应该清赎，只希望能好好吃吃饭、喝喝酒。质朴之愿既了，就感谢老天爷的恩德了。

换言之，这就是中国人的宗教观。因此，饮食一事，既为生活世界之主要内容，也通于鬼神。凡祭祀，皆须献牲敬酒。为什么？因为大家都相信饮食的沟通功能。我们用饮食祭献鬼神，代表我们对他示好；鬼神吃了我们的东西，表示它们愿意"福我"，莫忘了吃喝跟福报的关系。而且，因我们都爱吃，故想象神也是爱吃的。祭物越丰盛越能表示诚意。若减少了，人会嗟咨，神也会发怒报复的。《墨子·明鬼》记载：佑观辜替宋文君祷祀，因牲礼不合度，鬼怒，依附在祝史身上，用杖把他活活打死在祭坛上。故《尚同中》

说圣王事鬼神，"酒醴粢盛，不敢不蠲洁，牺牲不敢不腯肥"。

这种宗教观，显示了中国人具有此岸的、现世的宗教态度。而一种此岸的、现世的宗教，必以饮食男女为主要内容。杀牲祭拜，供神饮食，是其中一个特征。这个特征表现在：第一，"神嗜饮食"，只有供奉他吃得满意了，他才会"福报"你，这是种特殊的福报观及供养观。第二，神的饮食，其实也就是人的饮食。人喜欢吃的东西，即是神所嗜食者，并不要另外准备更"圣洁"的神的食物。祭完神之后，人即分食神所食之物，人神同食，故亦同乐。第三，道教兴起后，推本于"贵生"之观念，反对杀生祭神，也反对吃五谷杂食及肥甘醴脂。这种新的饮食观，导致它同时对神要求不再血食，对人要求不再食谷米喝酒，而应努力食气咽津。这当然是一种改革，但同样显示了以饮食男女为主要内容的宗教特点。因为这些专讲呼吸吐纳、食气咽津的修道者，跟养生学实无不同。其宗教性，只显示在他们特殊的饮食方法上。后世汉传佛教比世上任何一处的佛教都更重视"吃素"，视此为最重要的修行方法，亦是此一"中国特色"之表现。

讨论日常生活之美的，在西方哲学文献中亦非绝无所见，如柏拉图《大希庇阿斯篇》即曾借苏格拉底与希庇阿斯之口，论辩过身体、动物、器皿、技艺、制度、习俗美的问题。但是，文中说道：

　　苏：我的论敌或旁人也许要追问我们："为什么把美限于你们所说的那种快感？为什么否认其他感觉——例如饮食色欲之类快感——之中有美？这些感觉不也是很愉快吗？你们以为

视觉和听觉以外就不能有快感吗？"希庇阿斯，你看怎样回答？

希：我们毫不迟疑地回答，这一切感觉都可以有很大的快感。

苏：他就会问："这些感觉既然和其他感觉一样产生快感，为什么否认它们美？为什么不让它们有这一个品质呢？"我们回答："因为我们如果说味和香不仅愉快，而且美，人人都会拿我们做笑柄。至于色欲，人人虽然承认它发生很大的快感，但是都以为它是丑的，所以满足它的人们都瞒着人去做，不肯公开。"

首先，苏格拉底自嘲："不知道羞，去讲各种生活方式的美，却连这美的本质是什么都还茫然无知。"因此他讨论的其实并非日常生活之美，而是去追究何谓美、美之本质为何，与中国人在生活中欣赏、体验美，进而创造生活之美的态度，迥然异趣。其次，论美而以视觉、听觉为主，说"美既然是从视觉听觉来的快感，凡是不属于这类快感的，显然就不能算美了"，所以饮食的味觉与嗅觉、男女的性欲也都不能算是美的。这岂不也与中国人的看法南辕北辙？

美，这个字的意思本来就是由羊大会意的，羊大为美，正如鱼羊为鲜，均是以饮食快感为一切美善事物之感觉的基型。而《后汉书·襄楷传》云桓帝"淫女艳妇，极天下之丽；甘肥饮美，单天下之味"，《管子·戒篇》云"滋味动静，生之养也"，《左传·昭公元年》云"天有六气，降生五味"，这些随手拈来的文献，也无不告诉我们：美色与美味在人的审美活动中居非常重要的地位。

"甘"，《说文》云："美也，从口含一。"肥亦是甘，孟子问齐宣王："肥甘不足于口欤？"甘亦是乐，《玉篇》云"甘，乐也"，《淮南子·缪称训》云"人之甘甘"，高注"犹乐乐而为之"，《左传·庄公九年》云"请受而甘心焉"，杜预注"甘心，言欲快意杀戮之"。从甘味、甘甜到甘心，其美感与快感之结构，正如旨，本指美味（《诗》云"我有旨酒"，《礼记·学记》云"弗食不知其旨也"，又据说禹时仪狄发明一种旨酒），但旨趣、宗旨之旨，亦由美味中得来。

甚至于"滋味"一词，在字书里一向被用来描述宇宙自然的整体状况，如《说文》云"味，味也，六月滋味"，《史记·律书》云"未者，万物皆成，皆言有滋味也"。也就是说，依据汉人的宇宙论，在午时阳气冒地而出之后，未时万物成就，犹如食物已经成熟而有滋味了。后来对个别事物之美，也用"有滋味"来形容，如钟嵘《诗品》说五言诗为众作之有滋味者，司空图论诗说要得味外味。欣赏诗文称为味之、品味、含咀、咀嚼。品味什么呢？品味审美对象的"气味"。这些都是以味觉去经验其他的事物。至于那些不直接使用甘、旨、味等的字词，也未必不是如此，像《风俗通义》卷一就说五帝中帝喾之所以名为喾，就是因为"喾者，考也、成也，言其考明法度，醇美喾然，若酒之芬香也"。

这便可见苏格拉底说"我们如果说味和香不仅愉快，而且美，人人都会拿我们做笑柄"，在中国是大大不然的了。苏格拉底毕竟活在一个不懂吃的社会里呀！

"居"与"游"

一、中西方居住文化差异

古人穴居，渐则构木，所谓有巢氏，渐有居室矣。

居地须慎重选择，故古人都要卜居、卜宅、卜邑。《尚书·盘庚》曰："天其永我命于兹新邑。"讲的是殷商迁殷时卜邑之事。周之卜邑，亦可见诸《尚书·诏诰》《周礼·考工记》《管子》等书，主要是卜洛邑。

如何卜呢？早期问诸龟、蓍，后来就有相地之学了。

相地，古属形法之学。其在形法学中的重要性还在相人、相物、相狗马之上。包括相宫室、相都邑。其方法为：

一是以阴阳五行、月令图式、四时、五行、八卦、天干、地支用代数的方法运算。

二是以天人感应、人符天数的方式去计算该地与人居住合不合宜。

三是以黄道、太阳位置占卜吉凶，形成后世择日黄历所讲的宜不宜居或宜不宜动土、上梁、安灶等讲究。

四是考察方位和时辰合不合，方法是以十二辰为地盘，二十八宿、北斗为天盘，加上日（黄道）、月（建除）、星（太岁）去计算，如太岁在子，月建在寅，则在子、寅方位动土就不吉。

依这些方法形成的堪舆家，据《汉书·艺文志》言，即有《堪舆金匮》十四卷、《宫宅地形》二十卷、《周公卜宅经》及图宅术等，可见它在古代是极为发达的，故班固曰：形法之学"大举九州之势，以立城郭室舍形，人及六畜骨法之度数，器物之形容，以求其声气贵贱吉凶，犹律有短长，而各征其声，非有鬼神，数有自然也"（班固《汉书·艺文志》）。主要是一种理性化的度数推算，现代人以为它是非理性的神秘举动，嗤之为迷信，或以为居宅吉凶与鬼神有关，皆属误会。

相地法的技术面大抵如此。技术是显示观念的，这样相地卜居，显示了中国人在周代已明确的居住观即是天人合一，是人与自然和谐。所以居住要与天上日月星辰相应，要与五行八卦天干地支相配。每一栋房子、每一座城池，都不是孤立的建筑个体，而是在日月山川中与天地大自然同其呼吸、共其生命的。其次，城郭、宫室之基本格局此时亦已确定。就是坐北朝南，左青龙，右白虎，背有靠，前有水；左右对称，以中轴线开展为一平列格局。

这个格局与西方截然不同。西方的城市多由贸易形成，亦即由大市集向外辐射扩张而成。所以城市多以中心广场为据点；另一类城市则是军事城堡式的。中国的城市则绝对不以商业、军事为考虑，必然是以政治、祭祀为主的。军事上的城池只称为镇、卫、所、坞、屯、堡、围、寨，商业性城市则要迟到唐宋才真正崛起，如扬州、广州、泉州之类。而这类建筑并非中国城市之典型，城市之典型是洛阳、咸阳、西安、开封、南京、北京这类都城，并且无一例外，皆采取了周代以来左右对称的城市建筑规制。

城市是平铺对称的格局，城市中的住宅也是如此。住宅的单体个性并不明显，主要是结合着城市，一如城市亦配合着山川大地的格局。

因此，对比来看，西方是以中央广场向外辐射式的，中央就是焦点所在，所以市政厅、市场、纪念碑、塔都建在中央。而中国的城市却是用城墙和城门楼子圈起城池，内部基本是一体平铺的，左右对称，突出的是青龙、白虎、朱雀、玄武四正及四隅角楼。城北为衙署，高而面南，亦犹坐视俯瞰之形。而由城上俯瞰，见到的基本是一片屋顶，有平铺绵延之感。这种中式大屋顶，亦显得屋子不是耸峙的个体，而是平接于地的，只在屋角扬起檐边，形成飞檐以上接于天。这是中国之特色，与西方教堂、纪念碑、塔形建筑那种上刺入天的观念迥异。

再者，中式建筑以向阳为特点，西方建筑特别是教堂，却是以坐东朝西为主的。因为教堂坐东朝西，所以信徒早上来做礼拜时，走进教堂正好迎着旭日朝阳，阳光由背后的雕花玻璃、墙上的十字架间射入，可让信徒有沐浴在"上帝之光"中的感觉，因此它的格局完全不同于中国。

中国和西方建筑开门的方式也不同。中式建筑如为长方形，正门一定开在朝南面的长方形较长这一边。西方则通常开在较窄的一边。诸如此类，差异很大！

二、文学中的卜居主题

中国人的居所文化，大体如此。不过，文人卜居，多半不能有相地堪舆之类讲究，身无半亩，心忧天下，讲到住，不过聊以栖身罢了。故所谓卜居，多是浮生偶寄，无所谓卜与不卜。

后世写此题，最著名者为杜甫。杜甫于安史之乱中流离失所，急欲觅一枝之栖，故颇多卜居、卜邻之作，如《卜居》："浣花流水水西头，主人为卜林塘幽。已知出郭少尘事，更有澄江销客愁。无数蜻蜓齐上下，一双鹥鹣对沉浮。东行万里堪乘兴，须向山阴上小舟。"又，《赤甲》："卜居赤甲迁居新，两见巫山楚水春。炙背可以献天子，美芹由来知野人。荆州郑薛寄诗近，蜀客郗岑非我邻。笑接郎中评事饮，病从深酌道吾真。"还有《过客相寻》："穷老真无事，江山已定居。地幽忘盥栉，客至罢琴书。挂壁移筐果，呼儿问煮鱼。时闻系舟楫，及此问吾庐。"此等诗，均可见诗人渴欲安居之情，稍得居所，便已欣然。

而且他看他弟弟也是如此，《舍弟观归蓝田迎新妇送示两篇》

说："汝去迎妻子，高秋念却回。即今萤已乱，好与雁同来。东望西江水，南游北户开。卜居期静处，会有故人杯。""楚塞难为路，蓝田莫滞留。衣裳判白露，鞍马信清秋。满峡重江水，开帆八月舟。此时同一醉，应在仲宣楼。"乱世人情，读之慨然。

另一种诗情，却是素心人想找个清静处的。虽未必遭逢乱离，但希望身心皆得宁定的愿望则与之相同。如唐贯休《题友人山居》："卜居邻坞寺，魂梦又相关。鹤本如云白，君初似我闲。月明僧渡水，木落火连山。从此天台约，来兹未得还。"唐冯道之《山中作》："草堂在岩下，卜居聊自适。桂气满阶庭，松阴生枕席。远瞻惟鸟度，旁信无人迹。霭霭云生峰，潺潺水流石。颇寻黄卷理，庶就丹砂益。此即契吾生，何为苦尘役。"一慕僧气，一要长生，却都是要在世俗尘嚣之外另卜佳处。

但文学上的卜居，另有非此类理性斟酌所能及者，如屈原的《卜居》就是。卜辞中已有卜居，例如："王勿作邑在兹，帝若？"屈原则进而问行止：

　　屈原既放，三年不得复见。竭知尽忠，而蔽障于谗。心烦虑乱，不知所从。往见太卜郑詹尹，曰："余有所疑，愿因先生决之。"詹尹乃端策拂龟，曰："君将何以教之？"屈原曰："吾宁悃悃款款，朴以忠乎？将送往劳来，斯无穷乎？宁诛锄草茅，以力耕乎？将游大人，以成名乎？宁正言不讳，以危身乎？将从俗富贵，以偷生乎？宁超然高举，以保真乎？将呢訾

栗斯，喔咿儒儿，以事妇人乎？宁廉洁正直，以自清乎？将突
梯滑稽，如脂如韦，以洁楹乎？宁昂昂若千里之驹乎，将泛泛
若水中之凫，与波上下，偷以全吾躯乎？宁与骐骥抗轭乎，将
随驽马之迹乎？宁与黄鹄比翼乎，将与鸡鹜争食乎？此孰吉孰
凶？何去何从？世溷浊而不清：蝉翼为重，千钧为轻；黄钟毁
弃，瓦釜雷鸣；谗人高张，贤士无名。吁嗟默默兮，谁知吾之
廉贞？"詹尹乃释策而谢曰："夫尺有所短，寸有所长；物有
所不足，智有所不明；数有所不逮，神有所不通。用君之心，
行君之意，龟策诚不能知此事！"

在这里，"居"除了建筑含义上的居住空间之外，还有行为的
意义，《孟子》说"君子食无求饱，居无求安"，"君子居天下之
广居，立天下之正位"，即是此义。孔子称赞颜渊能居陋巷，刘禹
锡作《陋室铭》，亦皆发挥此义。

由卜居进而到不必卜，随便什么地方都能安居。因为安与不安
的关键不在宅，而在心。心能广大、能开远，则陋室亦能高天阔地；
反之，虽堂庑宏伟，感觉上也仍是跼天蹐地的。陶渊明《饮酒》诗
说得好："结庐在人境，而无车马喧。问君何能尔？心远地自偏。"
这就是文学家卜居与堪舆家论卜居绝大的差异。中国堪舆相地之学，
如此源远流长，而在文学上几乎无甚反映，原因亦在此。

卜居是找居处，主要是由地点上说。找到地点后，就要经营这
个住处，所以宜居是谈内容问题。

住处要怎样才符合理想呢？我推荐看《长物志》。此书十二卷，明文震亨撰。震亨，崇祯中官武英殿中书舍人，以善琴供奉。书分室庐、花木、水石、禽鱼、书画、几榻、器具、位置、衣饰、舟车、蔬果、香茗十二类，名叫"长物"，是用《世说新语》中王恭的话。所论皆文人生活闲适之事，与宋赵希鹄《洞天清录》、明屠隆《考盘余事》、明董其昌《筠轩清必录》等书相近，具体显示了文人的生活形态或理想。《长物志》第一卷谈的就是住所的设置问题，有兴趣的读者可找来读一读。

三、文学中的园林楼阁

文震亨的论述，可细谈之处甚多，此处只能谈一两点。

他讲的住所布局其实不是一间小房子，而是一个有亭台楼阁的庄园。住在里头，等于游园。所以我们就从园林楼阁讲起。

汉淮南王曾作了一首《淮南王》曲，说道：

淮南王，自言尊，百尺高楼与天连。后园凿井银作床，金瓶素绠汲寒浆。汲寒浆，饮少年，少年窈窕何能贤，扬声悲歌音绝天。我欲渡河河无梁，愿化双黄鹄，还故乡。还故乡，入故里，徘徊故乡，苦身不已。繁舞寄身无不泰，徘徊桑梓游天外。

这首歌，用少年和淮南王来作对照。少年不够贤达，一心只想回故乡，所以"扬声悲歌音绝天"。因为故乡总是回不去。淮南王则相反，认为故乡纵或归去也没什么意思，故每天游乐歌舞，游心于天外。

这是两种人生态度的对比，一种哀伤，一种快乐。一种人期望回归，一种人则向往超越。志在超越者歌舞安泰，企图还乡者终日悲伤。

淮南王这种"繁舞寄身无不泰"的人生态度，可以用另一首诗歌来说明。请看《晋白纻舞歌诗》：

> 轻躯徐起何洋洋，高举两手白鹄翔，宛若龙转乍低昂，凝停善睐容仪光。如推若引留且行，随世而变诚无方，舞以尽神安可忘……清歌徐舞降祇神，四座欢乐胡可陈？

本诗共三篇，本篇说歌舞降神，次篇说："人生世间如电过，乐时每少苦日多。""百年之命忽若倾，早知迅速秉烛行。东造扶桑游紫庭，西至昆仑戏曾城。"都是用歌舞来表达对人世的伤悯之意，追求一种与神仙一同遨游天外、超越死亡与痛苦的生活。

这就是歌舞的意义。歌舞不是日常生活，也不是劳动与生产。一般情况下，人只在农闲之际才以歌舞来放松身心，因此歌舞对日常劳动具有调节作用。可是，如此看待歌舞，并非《淮南王》《晋白纻舞歌诗》之类诗篇的想法。因为这只把歌舞看成是一种消闲，一些生活中的调剂，一种附属或非正式的生活方式。在《淮南王》

《晋白纻舞歌诗》中，歌舞具有本质性的意义，代表对现实世俗生活的反叛，直言人生是苦、年光易逝。因此歌舞乃是超越此忧苦短促人生的良方，可让人直接与神沟通，或进入神仙世界。

歌舞常在楼上举行。楼，与一般民居恰好又是一种对比。一般民房住宅都甚湫隘，贴着地面，楼却是高耸接天的。正如淮南王说"百尺高楼与天连"，所以民房住宅住着一般人，楼则住着神仙和志在超越的人。因此《三辅黄图》引《汉武故事》说："'且神仙好楼居，不及高显，神终不降也。'于是上于长安作飞廉观，高四十丈；于甘泉作延寿观，亦如之。"

据《汉宫阙疏》云："神明台，高五十丈，常置九天道士百人。"又《庙记》："神明台，武帝造，祭仙人处。上有承露盘，有铜仙人舒掌，捧铜盘玉杯，以承云表之露，以露和玉屑服之以求仙道。"这种台，若上面还有建筑就叫观或榭，都属于楼的一类。兴建楼台观榭，基本上都是这样与求仙有关的。《汉武故事》另载："武帝时祭太一，上通天台，舞八岁童女三百人。"楼台上举行歌舞，亦与求仙有关。

此类楼台均甚高，如通天台，据说"望云雨悉在其下"。楼上可以远眺，所以又称为"观"，《释名》云："观，观也，于上观望也。"观望什么呢？一是山川之胜景，二是歌舞之娱戏。如《三辅黄图》载："武帝信仙道，取少君、栾大妄诞之语，多起楼观。故池中立三山，以象蓬莱、瀛洲、方丈……昆明池中有豫章台……池中有龙首船，常令宫女泛舟池中，张凤盖、建华旗、作棹歌，杂以鼓吹，帝御豫章观临观焉。"

有时歌舞娱戏并不在楼台下面举行，而根本就在楼观上，如著名的柏梁台，武帝即曾于此置酒诏群臣和诗。而楼台之规模亦极大，像魏曹操在邺城筑铜爵园，建铜爵（后也称"铜雀"）、金凤（初名为"金虎"）、冰井三台。《河朔访古记·卷中》载："铜爵台高一十丈，有屋一百二十间，周围弥覆其上。金虎台有屋百三十间。冰井台有冰室三，与凉殿皆以阁道相通。三台崇举，其高若山云。"要看这类文献，才能想象淮南王"百尺高楼与天连"的景况。

铜爵台在铜爵园中，淮南之楼应该也在园中。所以才会说"后园凿井银作床，金瓶素绠汲寒浆"。凡此园林与楼观结合之情况，甚为普遍，例如《南齐书》卷二十一载世祖太子造园："开拓玄圃园，与台城北堑等。其中楼观塔宇，多聚奇石，妙极山水……乃傍门列修竹，内施高鄣，造游墙数百间。"玄圃，乃神仙之花园，造园而取义玄圃，其旨可见。园中多楼观，又有假山，正是中国一般园林的规格。

这样的园林，在汉代已甚为发达。《三辅黄图》载茂陵富民袁广汉因罪被诛，他家藏镪巨万，家僮八九百人，又"于北邙山下筑园，东西四里，南北五里。激流水注其内，构石为山，高十余丈，连延数里……奇兽怪禽，委积其间……屋皆徘徊连属，重阁修廊，行之，移晷不能遍也"。这种私人园林已经有如此规模，淮南王等诸侯或帝王之园林当然就更为可观了。

园林中有楼台屋阁，当然可以居住，但建此类园林楼观之目的却并不在居而在游。它与一般为居住目的而兴建的房舍不同，一切设计，均以美观为主，不是为了实用功能；一切设施，均以游赏为主，不是为了一般的日常起居。因此园中构设，务求奇巧，以便游目骋怀；园中的生活，也与世俗现实生活迥异，歌舞游嬉、诗酒为欢，飘飘乎若仙。

凡此游赏游观，背后都涵蕴了一种否定人世的态度。对于一般人为了生活而汲汲营营，为了亲友故里而生爱恋执着，都甚不以为然。故乐府《善哉行》说：

> 来日大难，口燥唇干。今日相乐，皆当喜欢。经历名山，芝草翩翩。仙人王乔，奉药一丸……欢日尚少，戚日苦多。何以忘忧，弹筝酒歌。淮南八公，要道不烦。参驾六龙，游戏云端。

游戏云端，即"徘徊桑梓游天外"之意；弹筝酒歌，即"繁舞寄身无不泰"之意，都可用以拒斥那悲哀而短促的人生。使人忘忧、使人进入神仙的世界。诗名《善哉行》，善哉，是叹美之辞，魏明帝《步出夏门行》说"善哉殊复善，弦歌乐情"，也是以歌舞解忧之意。

魏明帝《步出夏门行》这类写法，在乐府诗中是种通套。步出什么什么，即是脱离日常世俗生活的行动，要走出忧苦，走向欢乐。如《西门行》：

> 出西门，步念之：今日不作乐，当待何时？夫为乐，为乐

当及时。何能坐愁怫郁，当复待来兹？饮醇酒，炙肥牛，请呼心所欢，可用解愁忧。人生不满百，常怀千岁忧，昼短而夜长，何不秉烛游。自非仙人王子乔，计会寿命难与期。人寿非金石，年命安可期。贪财爱惜费，但为后世嗤。

西门以内，象征一般世俗人生，寿年有限，每多愁苦，而且汲汲营营，要劳动赚钱。走出这种人生，才能享受每一段时间的欢乐。这首乐府歌诗，每一句都用问句，来诘问世俗人生观，并表达人生应当及时行乐的思想。此类想法，又可见诸《满歌行》：

为乐未几时，遭时崄巇。逢此百罹，伶丁荼毒，愁苦难为。遥望极辰，天晓月移。忧来填心，谁当我知……饮酒歌舞，乐复何须。照视日月，日月驰驱。坎坷世间，何有何无？贪财惜费，此一何愚！凿石见火，居代几时？为当欢乐，心得所喜。安神养性，得保遐期。

人生在世，总是忧苦的，所以愁懑难支。如何跳脱出这个愁苦的格局？答案就是饮酒歌舞、及时行乐。

此乃游戏之人生观。游戏有两种含义：一是在有限的短暂人生中，与其贪财惜费，劳苦经营，不如及时作乐，游戏嬉怡；二是借歌舞所表达的否定人世态度，来显现一种类似神仙的快乐生活状态。拟仙而意在升仙。故《善哉行》在"何以解忧，弹筝酒歌"之后，立刻接以"淮南八公，要道不烦。参驾六龙，游戏云端"。前者游戏人间，后者游戏云端。

游者或出门，或秉烛，或登楼台，或游园林。出门，相对于门里的世界；秉烛，相对于日间一般性的生活；登楼台，相对于贴着地面的蜗居；游园林，则相对于日常居处的住家宅舍。人只有脱离世俗生活，才能解忧，才能戏乐。

对于游者这种游戏寻乐的生活形态，一般居人当然并不认同，因此汉乐府《猛虎行》便指责道："饥不从猛虎食，暮不从野雀栖。野雀安无巢？游子为谁骄？"

但游人并不理会这种讥诮，仍然兀自游于园林，与居于朝市者形成强烈的对比。晋石崇《思归引》说得好："余少有大志，夸迈流俗，弱冠登朝，历位二十五年，五十以事去官。晚节更乐放逸，笃好林薮。"登朝为官和放逸于园林，两相对比，石崇显然更愿追求后者。因为后者才是个"乐世界"，跟朝市劳瘁拘谨的"苦生活"比起来，他在河阳所建之别业，"有观阁池沼，多养鱼鸟。家素习技，颇有秦赵之声。出则以游目弋钓为事，入则有琴书之娱。又好服食咽气，志在不朽，傲然有凌云之操"。游目、游心、游仙，合而为一，当然快乐得很了，回首往日历朝莅事之生涯，当然要觉得那只是"困于人间烦黩"而已。

石崇这篇文章非常有趣，因为《思归引》本是琴操，据传说乃卫国一女子所作，是因欲归不得，独自忧伤，故制此曲，据琴而歌。但石崇对于这篇亡佚的琴曲，却做了全然不同的理解。他说自己在乐游放逸之际，"寻览乐篇，有《思归引》。倘古人之情，有同于今，故制此曲。此曲有弦无歌，今为作歌辞，以述余怀"。

这个新词，其实完全逆转了旧曲的意思。旧曲是游子悲歌，希望还归故乡。新词却是游人对居者的呼吁，希望大家赶快放弃人间的牵绊，回到园野里来乐游林数。归，不是归乡归家，而是回归；回归的地方，不是平常的住家，而是"别业"。

别业者，正业之外的住所、正宅之外的空间。汉魏时已称园林为别业。相对于安居乐业的人们来说，别业提供了一个让游者不安居也不乐业的地方。因为正业并不可乐，别业才是乐园。

把别业称为乐园，是很常见的事。南朝宋颜延年写《三月三日曲水诗序》说，要"排凤阙以高游，开爵园而广宴"，即是在乐游苑中。农历三月三是禊节，要在水上盥洗以祛除疾病，正与出游以辟除世俗烦扰之意义相同。

这个意义，晋谢灵运也说得很清楚："中园屏氛杂，清旷招远风……寡欲不期劳，即事罕人功。"（《田南树园激流植援》）"昔余游京华，未尝废丘壑，矧乃归山川，心迹双寂寞……怀抱观古今，寝食展戏谑。既笑沮溺苦，又哂子云阁：执戟亦以疲，耕稼岂云乐？"（《斋中读书》）

游者回归于山川园林，对于京城中的名位荣利，固然不感兴趣；对于耕稼渔樵之勤劳辛苦，也无意认同。他们抱持着游戏的人生观，在山川园林中享受，观古今、观鱼鸟、观歌舞、观山水，优游戏谑，成就一种审美的生活，引以为乐。

审美的人生态度，对人生是无所荷负也无所谓责任的。它并不介入实际的社会组织结构中，它只是观赏者，如观戏剧，因为他已跳脱在外。出西门、归园林，均表示这个跳脱具体人世的动作。服食咽气，更表示人连饮食都不要跟世俗世界一样了。所以这才能摆脱一切属于人间的得失荣辱、情爱纠缠、生存压力。谢灵运出游时作诗说："情用赏为美，事昧竟谁辨？"（《从斤竹涧越岭溪行》就是指这种欣赏的态度、审美的心情。

由于这种心情产生自那种超脱出世俗生活的态度中，因此它也常在欣赏、品味、享受此美景乐事之外，更导出一种超越式的想法和感受，觉得人世营营扰扰既无趣又无意义，人生应走向另一种超越的世界去。例如曹丕《芙蓉池作》先是讲"乘辇夜行游，逍遥步西园"，接着描述园中美景，如"双渠相灌溉，嘉木绕通川"等等。然后便想到："寿命非松乔，谁能得神仙？"谢灵运《登石门最高顶》也是在描述石门景观之后，接着感叹"惜无同怀客，共登青云梯"。江淹《从冠军建平王登庐山香炉峰》更是完全从神仙角度立言。先说此山充满仙气，"广成爱神鼎，淮南好丹经。此山具鸾鹤，往来尽仙灵"。接着则说自己来此，乃是"方学松柏隐，羞逐市井名。幸承光诵末，伏思托后旌"。沈约《宿东园》结尾也以"若蒙西山药，颓龄倘能度"来发抒感慨。他另有一首《游沈道士馆》则说："欢娱人事尽，情性犹未充。锐意三山上，托慕九霄中。"显然诗人都是在游赏之际，兴发了超越的意兴，希望能超越人类死生之命限、超越世俗之萦扰、超越生活之劳苦，真正进入一个可以逍遥的世界去，与神仙同其呼吸。

"山中咸可悦，赏逐四时移"（沈约《钟山》），这种审美观赏态度和超越性的向往，共同构筑了游园者的精神状态。这便是石崇在《思归引》中说他在园林中，一方面"以游目弋钓为事"，一方面又"好服食咽气，志在不朽"的缘故，也是汉人歌颂淮南王既"繁歌寄身无不泰"，又"徘徊桑梓游天外"的缘故。

这种园林楼观生活的基本样式，自汉魏定型以后，直到明清，均无改变。喜欢园林生活的人，"别业一区，去城数里，茅舍竹篱，药栏花径，事事幽绝"（杨梦衮《草玄亭漫语》），在其中优游佚乐，形成了中国最具特色的园林建筑与园林生活文化。

但是，超越性的向往部分，却有了些调整。

在汉魏南北朝时期，游园者的超越性向往，以进入超越界，亦即度世登仙为最多；仍处此世，但体悟了人世无常等道理，而采取一种洒脱旷远的超越性观点者次之。明清时期则有点倒过来。

在明末一大批"清言"作品中，表达的都是一种园林生活及人生观，如屠隆"风流放诞，好宾客，蓄声伎"，著有《娑罗馆清言》。徐学谟则著有《归有园麈谈》，"归有园"，这个名称，再清楚不过了。它与石崇《思归引》一样，都是要归返园林。循此以观，如陈继儒《岩栖幽事》《小窗幽记》之类，号为岩栖，实与真正隐于山中耕稼者不同，乃是栖于山中之园林，在林园的小窗下写这些清话。

而所谓清话也者，即是说这些言论都表现了一种超越社会生活的态度，讲一些警示、讽刺、针砭的话，对于热衷于尘俗琐屑劳苦者，有一点提醒的清凉作用。如明陆绍珩《醉古堂剑扫》自序所说："此真热闹场一剂清凉散矣。"

这些清言，其内容首先是对幽居生活的品赏，例如："三径竹间，日华澹澹，固野客之良辰；一编窗下，风雨潇潇，亦幽人之好景。""楼前桐叶，散为一院清阴；枕上鸟声，唤起半窗红日。"

其次，便是对世俗人生的反省，如："草色花香，游人赏其有趣；桃开梅谢，达士悟其无常。""疾忙今日，转盼已是明日；才到明朝，今日已成陈迹。算阎浮之寿，谁登百年；生呼吸之间，勿作久计。""明霞可爱，瞬眼而辄空；流水堪听，过耳而不恋。人能以明霞视美色，则业障自轻；人能以流水听弦歌，则性灵何害？"（均见屠隆《娑罗馆清言·续娑罗馆清言》）

最后，才是超越出此世以外，游心于神仙世界的声音，如："白云冉冉，落我衣裾，闻村落数声，酷似空中鸡犬；皓月娟娟，入人怀袖，听晚风三弄，恍如天外鸾凤。"（倪允昌《光明藏》）淮南登仙，鸡犬俱化的意象，复现其中。

由于佛教盛行，故此时清言作者所表现的神仙性超越想法，有一大部分被佛教的无常、虚空观所替代，所以表现为反省世俗、清言醒世的性质较多，而度世成仙的讲法就减少了许多。相对于汉魏南北朝隋唐宋元的游园文化，可说呈现了较新异的面貌。

不过，度世成仙之思虽已较少，服食咽气却仍甚为普遍。因为优游林下，歌舞游观之人生，既是为了享乐、为了游戏，身体自然必须保养，服食咽气以求长生，却病、延寿就成为非常重要的事了。典型的文献，可以《遵生八笺》为代表。

此书题为"湖上桃花渔高濂瑞南道人撰"，自是园林人物无疑。书分八部分，分成：清修妙论笺、四时调摄笺、起居安乐笺、延年却病笺、饮馔服食笺、燕闲清赏笺、灵秘丹药笺、尘外遐举笺。

清修妙论，收圣贤戒省律己之格言，所谓清言醒世者；四时调摄、延年却病、饮馔服食、灵秘丹药，都是谈养生的问题；尘外遐举，则为神仙度世之思想；起居安乐、燕闲清赏，就是对享受生活、品味生活，且在生活中创造美感与快乐的一些建议了。书共十九卷，把游园者的生活，做了全面的铺展，与淮南之游园后先辉映。善观吾国园林史者，宜由此等处着眼。

四、"观"的性质、作用与表现

早期帝王宫阙，皆取象于天地。其局部建筑，"排飞闼而上出，若游目于天表"（班固《西都赋》），"结阳城之延阁，飞观榭乎云中。开高轩以临山，列绮窗而瞰江"（左思《蜀都赋》），都与"观"的态度有关。楼台高耸，旷观天地、远观山川，故得以游目骋怀。它的整体布局，也足以体现一种天地精神、宇宙意识。

如《三辅黄图》载秦建咸阳宫："因北陵营殿，端门四达，以则紫宫，象帝居。渭水贯都，以象天汉；横桥南渡，以法牵牛。"班固《西都赋》称汉武帝的建章宫："张千门而立万户，顺阴阳以开阖……览沧海之汤汤，扬波涛于碣石，激神岳之嶻嶻。滥瀛洲与方壶，蓬莱起乎中央。"

这样的建筑，固然是秦汉时期帝王求仙的思想使然，但借建筑所体现的空间感，却与"观"有关。故降及后世，建造庭园屋宇者未必旨在求仙，或与神仙相沟通，其建筑所追求之美感与空间感依然是如此的。谢灵运《山居赋》不就说了吗？"抗北顶以葺馆，瞰南峰以启轩。罗曾崖于户里，列镜澜于窗前。因丹霞以赪楣，附碧云以翠椽。视奔星之俯驰，顾飞埃之未牵"。房子是建在宇宙天地之中的：每一个视角，都可以远眺旷观；而且屋子与自然合为一体，层峰川澜既为屋外可观之景，亦是屋子本身以及屋内的观赏者。"因丹霞以赪楣，附碧云以翠椽"，视觉的交互性，在此体现无余。

因此，值得注意的是：一是"观"要旷览远眺以观物，如"画栋朝飞南浦云，珠帘暮卷西山雨"（王勃《滕王阁》），"窗含西岭千秋雪，门泊东吴万里船"（杜甫《绝句》），"隔窗云雾生衣上，卷幔山泉入镜中"（王维《敕借岐王九成宫避暑应教》），"山月临窗近，天河入户低"（沈佺期《夜宿七盘岭》），"江山重复争供眼，风雨纵横乱入楼"（陆游《南定楼遇急雨》）。

二是"观"与"被观"相融相即。如南朝齐谢朓《郡内高斋闲望答吕法曹》："窗中列远岫，庭际俯乔林。"王安石《书湖阴先生壁》："一水护田将绿绕，两山排闼送青来。"远岫当然应在窗外，它是远观的对象。但在观看的活动中，视觉的交互性使得看与被看一时会合了，层峰列岫如在屋中，成为主动者，而非静态存在的被观赏者。

"观"与"被观"者相融相即，就是谢灵运诗所说"因丹霞以赪楣"的因。窗外之景，同时亦即是窗内之景。建筑上充分体认这个道理，并借建筑技术予以满足它，正是中国园林建筑的特色。此即所谓"因借"。

明人计成，编了世界上第一本讨论造园艺术的书《园治》，大旨端在"因借"二字。其书开宗明义就说："'借'者：园虽别内外，得景则无拘远近。晴峦耸秀，绀宇凌空，极目所至……尽为烟景，斯所谓'巧而得体'者也。"结尾又说："构园无格，借景有因……因借无由，触情俱是。夫借景，林园之最要者也。如远借、邻借、仰借、俯借、应时而借。"故因借之旨，实乃我国造园艺术之秘要，而因借之道，则是为了满足"观"的需要。

关于这部分，当然还有许多东西可谈，但建筑的重点实不外乎此。一是要能看得出去，可以极目，可以广瞻，可以观天地之大美；二是要达到天地之大美与园林建筑之美相冥合之境界，园中即有大观。

绘画上所要求的，大抵也是如此。

谢灵运《山居赋》中描述："葺基构宇，在岩林之中，水卫石阶，开窗对山。仰眺曾峰，俯镜浚壑。去岩半岭，复有一楼，回望周眺，既得远趣，还顾西馆，望对窗户。"他是为我国山水诗奠基的大诗人，对山川之美的掌握，除了穿林涉涧、深入其中去游赏之外，更重要的就是观赏。且在仰眺俯鉴之外，尚须得其远趣。这种山水美感的掌握方式，对后世山水画影响甚大。

如宋郭熙《林泉高致》就说"山欲高""水欲远"。画山，就要设法让山显得极为高峻；画水，就要让水长流无尽。这是中国画家非常特殊的想法，而实即旷观宇宙天地之态度。山水画在中国之所以有那么高的地位，这是个重要的因素。

画家作画，仿佛面对一浩浩天地，大宇长川都要在画面上表现出来。但画布画纸只是一个有限的空间，如何能表现出这种山高水远、天开地阔的感觉呢？

中国山水画所有的奥妙可说都集中在这里。例如郭熙说："山欲高，尽出之则不高，烟霞锁其腰则高矣。水欲远，尽出之则不远，掩映断其派则远矣。"（《林泉高致·山水训》）以烟云隔断或林木掩映之法，来创造远趣，形成高远的空间感。与梁元帝萧绎《山水松竹格》所说的"泉源至曲，雾破山明""路广石隔，天遥鸟征"相同。山用雾破，故烟云缥缈，高深莫测。路要显得远，中间需用石块隔断；天要显得高，则画上飞鸟，以表现其高。

这样的技巧，可说已成为中国山水画的基本法则。有时为了隔断，运用烟雾或水石区分出近景远景，甚至形成两截式或三截式构图。而实画的山水与烟雾水汽之间，也形成了虚与实、疏与密的关系。中国画论中讨论虚实、疏密、留白者，汗牛充栋，肇因正在于此。

又如中国山水画还利用卷轴形式来表现山高水远之感。卷轴逐次舒卷，山川逐次布列，以观看的时间次第感，来形成绵远不尽的空间感受，也是中国绘画的一大特色。至于在境界上，要求"尺幅而有千里之势""余势不尽"，在有限中要能让观者感觉到无限，更是中国绘画美学上的重要特点。

不但如此，整个山水画，都是远观山水的。郭熙在《林泉高致·山水训》中曾说："山水，大物也。人之看者，须远而观之，方见得一障山川之形势气象。"远观，视野要广、视点要高，仿佛登高眺远，方能见山川形胜。这种远观法，沈括曾以"以大观小，如人观假山"来形容，他在《梦溪笔谈》中说：

> 又李成画山上亭馆及楼塔之类，皆仰画飞檐。其说以谓"自下望上，如人平地望塔檐间，见其榱桷"。此论非也。大都山水之法，盖以大观小，如人观假山耳。若同真山之法，以下望上，只合见一重山，岂可重重悉见？兼不应见其溪谷间事。又如屋舍，亦不应见其中庭及后巷中事……盖不知以大观小之法，其间折高、折远，自有妙理，岂在掀屋角也？

宋李成，在绘画史上以平远山水著名，宋郭若虚《图画见闻志》卷一论三家山水即说："烟林平远之妙，始自营丘。"宋刘道醇在《圣朝名画评》卷二也说："时人议曰：'李成笔迹，近视如千里之远。'"赵希鹄《洞天清禄集·古画辨》更说："李营丘作山水，危峰奋起，蔚然天成。乔木倚磴，下自成阴，轩蠹闲雅，悠然远眺，道路窈窕，俨然深居。"可见李成之画，亦追求远趣。今传其《乔松平远图》等，往往将前景画得较大而简略，再以近视法画出巨大中景，后将远景画小，以强调其远，跟文献记载甚为符合。唯李成画楼塔屋檐仍沿袭唐以来的画法，故引起沈括的批评。

但沈括所说"以大观小，如人观假山"，其实只是俯视，与李成之仰视均只得远观之一偏。所谓远观，如前所述，乃是又仰观又俯察，并继之以平视极目，方才是游目，才能是大观，故早在六朝时王微《叙画》便说道：

> 且古人之作画也，非以案城域、辨方州、标镇阜、划浸流。本乎形者融灵，而动变者心也。灵亡所见，故所托不动。目有所极，故所见不周。于是乎以一管之笔，拟太虚之体。

画山水画，不是画地图，所以其中有"观点"。但人之目视是有局限的，如沈括所说，直视无法得见山内溪谷及人家户内状况。从一个单一角度看，也会看不周全。因此需要游心太虚，游目骋观。

如此游观，就会在平远之外，出现"深远"与"高远"。仰视俯瞰，空间景象在时间中远远近近、高高低低地移动，一如欣赏中国画的长条轴卷时，可以由近景往上看，也可以由上往下看，游目环瞩，如入山水中，边游边览，边走边看。但是这样的画，便不可能出现定点透视，而只能是散点。

定点透视的传统，是西方艺术的特点，确立于文艺复兴时期。"它是以观看者的目光为中心，统摄万物，就像灯塔中射出的光——只是并无光线向外射出，而是形象向内摄入。那些表象俗称为现实。

透视法使那独一无二的眼睛成为世界万象的中心。一切都向眼睛聚拢，直至视点在远处消失。可见世界万象是为观看者安排的，正像宇宙一度被认为是为上帝而安排的。按照透视法的标准，不存在视觉的交互关系。不必让上帝处在同别人发生关系的情景之中：上帝自己就是情景。透视法的内在矛盾在于它构建了全部的真实影像，向独一无二的观察者呈现，而此人与上帝不同，只能于一时一地存在"（约翰·伯格《观看之道》）。

而且，以透视法来看，远处是看不见的，"只合见一重山，岂可重重悉见"，近处的东西势必遮断目光，使它无法延伸下去；纵使是平畴原隰，无物遮障，远处也逐渐缩小以至消失为一点。平远之境，毕竟不可得，遑论高远与深远？故以透视法看，所得者不在远趣，而在近距离的"占有"。

关于15—19世纪以透视法为主的油画，如何体现了占有（possessing）的看的方式，约翰·伯格（John Berger）在《观看之道》第五讲中有详细的申论。他认为这种描绘物事之实体、质感、光泽、硬度，以使现实仿佛可放在手上把玩之画法，与资本主义社会的生产方式有关。又说电影摄影机发明后，移动拍摄的镜头，瓦解了定点视物的传统。单一的凝视，逐渐被游走观物所替代。这些我们都不拟再谈了，只想借由定点透视与游观的对比，来提醒大家注意到"观"的性质以及它在中国文化里的作用和表现。

世事如此，远游以长生

一、旅行者的精神分析

旅行，在现代社会中的地位与需要，已被确立了。各国政府都设有观光部门、旅游部门以发展旅行事业。社会上为了配合旅行而形成的服务行业网，也极为绵密复杂，如旅馆、餐饮、汇兑、旅行器材装备、交通、电讯、证照票务、咨询、协助等等，可说已是促进社会活络及经济发展的重要部分。专业旅行杂志、报刊的深度旅游报道，也已成了人们日常生活中的基本知识对象。

但旅行除了社会面、经济面的意义之外，是否尚有思想性的人生意义价值？人为什么不约而同地都要去旅行呢？放弃了家居安逸的生活，花大笔银子，奔波劳顿，坐飞机，挤汽车，背大拎小，餐饮不调，起居无节。虽说可以增广见闻、开放胸襟，却也多了不少担惊受累、被抢被骗乃至染病出事的机会。如此营营扰扰，所为何来？

心理学家荣格（Carl G. Jung）认为这是一种人类共通且无法反抗的心理因素使然。也就是说，这是一种人类的集体潜意识（Collective unconscious），是来自古老的遗传。这种要素，因不断重复而被镂刻在我们的心理结构中，只要碰上相对应的典型情境，集体潜意识的内容，就会被激发并显现出来，犹如本能的冲动。

人的集体潜意识非常复杂，荣格找到了一些"原型"，或称原始意象（Primordial images）。旅游即其一也。

若人处在压抑、闭塞之环境中，旅游，甚至梦中的旅游，都可提供人超越现况的解放感。人是因为需要获得解放，才出外旅游、探险，或在梦中"梦魂惯得无拘检，又踏杨花过谢桥"。

荣格认为："到未知地去冒险的探险家，给人一种解放、冲出密封生活的意象，表现了超越的特征。"就像在许多神话、梦境、岩画、雕塑、器皿、诗篇中经常出现的"鸟"一样，旅行，也是常见的超越之象征。一般人都需要借旅行来解放。而旅行家或探险家因能充分表现此种解放的性质，故又成为超越性的象征。许多人梦想能飞，即如许多人梦想成为旅行家、探险家，都显露了他们企求解放的渴望。

而这种解放的渴求，荣格又把它和"朝圣"关联起来，谓："在靠渔猎或采食野生植物为生的部落……年轻的受教者，必须孤独地到一神圣处去旅行。在那儿，他陷入冥想或忘我境地，则会遇到他的守护精灵，以动物、鸟或自然对象的形式出现。他与这个丛林灵魂合而为一，方可能变成一个成人。"

又说："在神话或梦境中，孤独的旅程往往象征超越的解脱……一幅 15 世纪的画中，诗人但丁拿着他的作品《神曲》，说明了他到地狱和天堂之旅的梦境。1678 年英国作家约翰·班扬（John Bunyan）的《天路历程》中，朝圣者的游历图（某旅程是螺旋形，通往中心），这本书也是以梦境来叙述的。"

前者，讲人透过旅行而获得灵魂的净化或提升。后者，讲旅行与朝圣的关联，经由旅游，人可以得到精神上的救赎与解脱。其论点，甚易令人联想起我国的小说《西游记》。旅行者不只在现世游，更要进行天堂与地狱的旅行。

荣格的理论，着眼于集体潜意识。旅游，正是他所认为的重要原始意象之一。旅游象征人要透过这种超越性的行动来达致解放。所以他援引英国探险家史考特（R. F. Scott）去南极探险、但丁梦入天堂地狱、班扬的天路历程等事例，来说明在不同世代、不同地区，旅游作为人类寻求解放的超越性象征，都是确切存在的。

但是朝圣毕竟是与一般旅行探险不尽相同的活动。旅行所能获得的，乃是世俗的解放。朝圣、《天路历程》、但丁《神曲》所希望达致的，却是宗教性的解脱，属于灵魂的解救或净化。荣格将之并论，似乎认为两者有其一致性。

可是，依荣格的理论，旅行恐怕是不能获得真正"解脱"的。他曾用一张海报插图来说道："许多人都想从密闭的生活模式中做些改变，但旅游所带来的自由，如图中'奔向大海彼岸'海报所鼓吹的，却不能代替真正内心的解脱。"

他之所以如此主张，是因为他的心理学旨在治疗灵魂。而想要真正治疗灵魂，即不能仅云解放，必须寻求压抑与解放之统合。

荣格受炼金术及西藏密宗的影响，认为意识与潜意识须予以统合，犹如阴与阳、琉璜与盐两种对立面的东西须要逐渐化合。经由意识与潜意识的持续对话，人自身的两面，我与非我，逐渐整合为一体，方能导致心理转化，由痛苦中解脱。因此，依他的理论，单单是旅游所带来的自由、放逸、冒险与解放仍然不够。他要寻找的，应是冒险与规矩、邪恶与道德、自由与安定的合会。

换言之，荣格虽敏锐地抓住了旅游所具有的超越性与解放功能，也理解到这种精神的解放性质，可以通贯于世俗生活层面和生命意义层面，却囿于其理论本身之框架，仍将旅游局限于世俗的解放，而未能究极透达于宗教之解脱。

二、游于尘埃之外

如果不从"作为一种世俗僵化生活之解放"这个角度看旅游行为，而从旅游"作为一种宗教性超脱活动"来讨论旅游呢？

在中文里，"旅""游"两字，本来就都和宗教有关。

"旅""游"中的"㫃"，是旌旗。所以"旅"和"游"是执旗出行的样子，且多具宗教意义。如汉郊祀歌"神之斿过天门"（《汉书·礼乐志》引）、汉孔彪碑"浮斿于尘埃之外"（《隶释》卷八）、高彪碑"惟中平二年龙旂奋若月次星纪"（《隶释》卷七）、督邮斑碑"旂精大玄"（《隶释》卷十二）、泰山四神镜"上有仙人不知老，徘徊神山采芝草。渴饮玉泉饥食枣，浮旂天下敖四海"。

"旅"字也是执旌旗而行。似乎一人执旗行走是"游"，两人结伴而行则称为"旅"。故"旅"字又有多人随旗外出之义，《说文解字》云军队五百人叫作"旅"，即用此义。

为什么行旅、遨游都要捧着旗子呢？日人白川静《中国古代文化》解释道："这是古代民族迁移或游居时常见的现象，旗子代表民族的徽号。奉氏族之神出游，原因就在于真正能游者，其实只有神才能办得到。"该书第六章："游，乃谓神之应有状态之语。毕竟能够畅游者，本来就惟有神而已。神虽不显其姿，然能随处地、自由地冶游。"并举日本《神乐歌——作木棉之本·末》说："本，作木棉。信浓原，朝寻寻，朝寻寻。末，朝寻寻，汝神乎？游游游，游游游。"

此即神之游。至于人之游，原本就是一种模拟神的行动。就像民间骂小孩子："死到哪里去了？这么晚还在外面游荡，像个夜游神似的。"平实耕耨商贾、忙于劳作的人，也总是趁神明出游、巡行绕境时娱乐游戏一番，跟着神去游一游。某些地方，足踪所不能至，则更会效法神仙飞空，把灵魂心思飞到那个地方去"神游"一下。

这就是"旂""敖"字经常有宗教义涵的原因。《楚辞》里，《九歌·湘君》"驾飞龙兮北征，邅吾道兮洞庭"，《九歌·湘夫人》"帝子降兮北渚，目眇眇兮愁余"，《九歌·大司命》"广开兮天门，

纷吾动兮玄云，令飘风兮先驱，使冻雨兮洒尘"，《九歌·少司命》
"与汝游兮九河，冲风至兮水扬波"等，讲的都是神仙的游行，或
是巫人模仿神明出游。

相对于人，神的自由、解放、超越、解脱，均表现在它能自在
地游行上。这是神仙最主要的特点。人若也要获得这种大解脱，有
几种途径，一是得到神祇的眷顾，成为神的容器，让"意识的自我"
暂时假寐或离位，身躯被神灵充满，变成暂时性的神，此时他即可
得到神游的体验。巫觋在宗教仪式中，透过"降神"，即俗称神灵
附体，所得到的，就是这种经验。

其次，则是利用"假扮"的方法，巫人扮神。在仪式化活动中，
扮神者进入戏剧性空间，摆脱了他的自我与社会角色。于戏剧构成
的神圣空间里，自拟为神，而获得神游的经验。这种假扮，在宗教
祭仪中甚为常见。中国道教道士法师在登坛作法时，也具有这种假
拟性质。法器一作，法师即入神圣空间，步天罡、踏斗牛、登金阙、
谒玉帝，仿佛游于云端。法器收音，法师才退出神圣空间，回复其
世俗人之性格与角色。

第三种方法，是通过做梦的方式。意识的自我暂时消隐，形神
分离，另一个自我跑出来游玩游历一番。这些游，虽是"梦魂惯得
无拘检"，什么事都可能做得出来，但最主要的，乃是因此而梦游
天宫或梦入仙乡。唐朝诗人李商隐《钧天诗》云："上帝钧天会众
灵，昔人因梦入青冥"，即指前者；曹唐《送刘尊师祗诏阙庭诗》
云："从此枕中惟有梦，梦魂何处访三山"，则指后者。荣格所提，

班扬的《天路历程》、但丁的《神曲》，亦属于此类。至于那些无意识的"偶然""误入"仙乡故事，也可归类于此一方式中。

另一种办法，则认为前述诸方式均只是假拟或暂时的神游，并非真正的超越解脱。要使人能真像神那样自在游行，唯有使自己转变为神。

把人转变为神，又有许多方式，一种是借由精神性的修养、锻炼或提升。例如荣格所云，印第安人孤身一人到某个神圣的处所去旅行，在其中冥思，让神圣性的精灵与他冥合为一体，这样他就可变成一个自由人。又如庄子《逍遥游》所说，人若能冲气于淡、合气于漠，即能如藐姑射之神人那样，逍遥于广漠之野，入水不濡、入火不燃。

另一种则非此精神修炼之法，主张直接改造人的体质，让人能像鸟、像神一般飞翔邀游于大地任何角落。曹植《游仙诗》"服药四五日，身体生羽翼，轻举随浮云，倏忽行万亿"，曹操《陌上桑》"济天汉，至昆仑，见西王母谒东君。交赤松，及羡门，受要秘道爱精神。食芝英，饮醴泉，拄杖桂枝佩秋兰。绝人事，游浑元，若疾风游欻飘翩"，嵇康《游仙诗》"服食改姿容，蝉蜕弃秽累"等，表达的都是这种想法。

以上这些方法，彼此间往往形成竞争关系。例如相信精神修养提升者，常批评吃药炼丹以改造体质者，云："服药求神仙，多为药所误。"主张降神者，则认为并非任何人都能借其精神力量与神通感或冥合，只有特殊秉赋者才有此资格或能力。此即所谓仙骨、神缘。偶然入冥登仙者，即属于有仙家宿缘的人。但这毕竟不能自主，误入、偶入仙境之后，即"人仙永隔"，亦令人怅惘。故服食炼丹者认为"我命由我不由天"，天赋纵使不佳，缺乏仙骨，亦可以借服食炼丹等方法来"换骨神方上药通"（李商隐《药转》），达到转化成仙的目的。

对了，转化。上述各法的共同点就在转化。人只有转化成神，方能获致真正的超越解脱，得以逍遥游。"仙"字，早期都写作"僊"，与变迁之"遷"同义，谓人只有变迁之后才能称为仙，才能遨游。

人要成仙，要自在优游，既代表了人寻求自我转化的努力，旅游本身遂也具有这种转化的意义，所以阮籍《咏怀诗（其三十五）》说："愿为云间鸟，千里一哀鸣。三芝延瀛洲，远游可长生。"远游本身就被视为一种自我转化的历程，故说"远游可长生"。

三、自我转化的历程

以远游表达自我转化的历程，《楚辞·远游》是最典型的代表。在这篇被误读为楚大夫屈原遭贬谪而远徙异乡，不断哀叹，企图还归故都的作品中，远游的主人翁其实是因为"悲时俗之迫阨兮"，"惟天地之无穷兮，哀人生而长勤。往者余弗及兮，来者吾不闻"，故"愿轻举而远游"。是为了寻求生命的解脱，才展开这趟旅游。

旅游者首先是遇到了神仙王子乔。王子乔在此处系以一教导者的身份出现，向旅游者开示道窍，使之豁然贯通。云："道可受兮不可传；其小无内兮，其大无垠；无滑而魂兮，彼将自然；壹气孔神兮，于中夜存；虚以待之兮，无为之先；庶类以成兮，此德之门。"

于是旅人的旅途便从平面的，转而成为超越性的"上举"，向上进入神仙世界，驾飞龙，乘云车，飘摇于尘埃之外。"载营魄而登霞兮，掩浮云而上征"。

这样的旅途描述，象征其精神与躯体均已彻底转化，故"欲度世以忘归"。下视他原来的家乡及仆夫，不胜悲悯。惜其仍停留于时俗迫阨及人生长勤之中，未能解脱。只有自己"经营四荒兮，周流六漠，上至列缺兮，降望大壑。下峥嵘而无地，上寥廓而无天。视倏忽而无见兮，听惝恍而无闻。越无为以至清兮，与太初而为邻"。

这样的描述，与班扬《天路历程》甚为类似。班扬此书，云有一人名唤"从欲"，住在一座城中，忽然感受到死亡的威胁，知道自己所住的城即将灭亡，为天火所焚烧，故外出访道，欲解决生命之问题。道逢一人名叫"传道"，赐他羊皮《圣经》一部，指导他前去天国。此人遂因此而成为一基督徒，在路上虽碰到"俗情城"来的"世智"等人迷乱他，也终不退转，终于历经试炼，走上了天路，得了永生。

基督徒感生命之困惑，恐怕遭天火焚烧，而展开求道之旅，正与《远游》相似。他得到"传道"的教导方能走上天路，摆脱世路俗情，亦与《远游》谓经王子乔教诲始识大道相同。

其中唯一不同之处，在于《天路历程》整个故事都是在梦中进行的。叙述者与旅行者分开了，不像《远游》的叙述者即是旅游的行动者。《天路历程》分成两部分，两部分都是说有一人"我"在世界的旷野上行走，遇着一个洞，就在那洞中睡着了，做了个梦，梦里才见到上述那趟天国之旅，并听到另一段女基督徒与其四子同行天路的故事。

这是梦游仙境的一种类型。唐人王勃《忽梦游仙》、王延龄《梦游仙庭赋》、沈亚之《梦游仙赋》就是此种结构，惟均属于自己入梦远游，并非做梦梦到别人去游。其中王延龄云："山童荐枕，须臾之间，乃安斯寝，神倏尔而逾迈，眇不知其所届。"最后经洪崖先生授了丹诀，才出梦叹世。其意境类似《枕中记》《黄粱梦》，表达了对生存此世之不信任，而欲追求真正的生命。游的意义便在于此。

中国第一个远游的故事，就是周穆王西征，其原因亦即在此。穆王西行，谒见西王母，王母祝以不死，以致后来求长生者，皆"览观悬圃，浮游蓬莱"（《汉书·郊祀志》）。悬圃就是西王母所在的昆仑山，蓬莱则为东方的海上三山，两处都是著名的神仙世界。

当然，神仙所居，不止此两处。盖神仙飞空游行，上下天地，因此整个宇宙其实都是神人游行之场域。远游者一方面希望能登昆仑泛蓬莱，另一方面也甚为渴望能如仙人一般，自在地游行宇内。

明朝大旅行家王士性就曾表达了这样的企望。他在《广志绎》卷一《方与崖略》中慨叹道：

> 海内五岳，余足迹已遍。……至于海外五岳，《灵山道经》

志之，其云："东，广乘之岳……瑶池琴台，金井玉彭。"所恨海岳路殊，仙凡地隔，觅之则身不生翰，思之则口为流涎。

王士性只是世俗世界的旅行家，虽像徐霞客一样，几乎走遍了中土，但海外九州，徒存想象，仙人空中游观之胜，亦难以体会，不免抱撼怅恨。

与他所谈到过的《五岳真形图》类似，而介乎"舆地纪"及"神仙家言"之间的，是《山海经》。陶渊明有诗云："历览周王传，流观山海图。"看《山海经》所述海内海外诸山，被认为有跟《穆天子传》相类的意义，都可表达人欲远游求仙之念。而此类舆地记也都是仙神所传，或与仙神有关的。

汉代的《海内十洲记》，亦属此类舆地记。后来唐司马承祯又整理出《天地宫府图》，记载宇内名山洞府，所谓三十六洞天、七十二福地，均为神真栖游之处。

凡此洞天福地虽均在中国境内，但神仙游出中国境外者亦不罕见。例如杜光庭所编《墉城集仙录》，所载均为西王母昆仑墉城之女仙，然其卷四记太真夫人说在2000年前曾与仙人安期生游于安息国西海际，分枣共食。至于老子西游出关，至罽宾国化胡，也是众所周知的例子。另外就是描写唐三藏去西天取经的《西游记》了。

由此可见，遨游乃是神仙或求仙者所擅长的。正因为他们四处旅行，才出现地图舆记，才能逐渐使我们对这个世界有所认识。所以神仙与求仙求道者，乃是世俗社会旅行家的先驱。

可是神仙之游、求仙求永生者之游，毕竟与世俗人的旅行不同，非只为涉异地、至远方、观风土而已，更是要寻求生命的归宿，解除死亡的忧惧，希望转化世俗生命成为与道合一的存有。

这个精神，实仍贯穿于后世之游记中。例如在中国小说中，凡称为游记的，除极少数外，均与神仙有关。像明吴元泰《东游记》二卷，讲八仙故事；余象斗《南游记》，又名《五显灵官大帝华光天王传》四卷；《北游记》，又名《玄帝出身传》《北方真武玄天上帝出身志传》四卷。与《西游唐三藏出身传》合称"四游记"。清无名氏《海游记》六卷，仿《希夷梦》；明罗懋登《三宝太监西洋记通俗演义》二十卷，也具有神仙色彩。而最著名的《西游记》更是如此。

此书讲唐三藏与其徒孙悟空等三人共往西天取经，主题与经过，都和班扬《天路历程》相似。班扬书中曾说道："小子啊！你们曾听过福音真理，知道你们若要进天国，必定要经历许多苦难。也知道你们经过的城中，有铁炼与患难等着你们。你们既然行了这许多路，怎能不遇见这些难关呢？"《西游记》要讲的，就是唐僧一行如何渡过这些难关。

历来均以此为证道之书，例如明万历刘莲台刊本称为《唐三藏西游释厄传》、清汪象旭评本称为《西游证道书》，并认为书是长春道人丘处机写的，讲的是道家内丹长生之道。清陈士斌刊本称为《西游真诠》，陈氏号悟一子；清刘一明评本称为《西游原旨》，刘氏乃兰州金天观道士，又号素霞散人。以上两家也都以道教宗旨解释《西游记》。另有清张含章《通易西游正旨》，则以《易经》解之。

直到五四运动后，世俗化的理性主义精神抬头，胡适才把此书的作者权归给落拓文士吴承恩，且谓其中仅有些愤世嫉俗、玩世不恭的趣味在，并无什么神圣性的追求，更不涉及宗教性解脱问题。

但由整个中国小说传统来看，游记均具天路历程之含义，如《四游记》就是分别说玄武大帝、华光天王等如何"转化"成为神仙。《西游记》也是经历远游以转化成佛的。

其他局部游历之描述，如《吕祖飞仙记》，第七回云吕洞宾游大庾，十一回游妓馆，在人间游历一番之后，重回天庭，列位仙班，则是倒过来，说一位神仙，在遭贬堕凡之后，如何经过人间之游历，再度转化成仙。

同样地，明邓志谟《萨真人咒枣记》，则记萨真人在人间如何修炼，如何四处治病济困，再如何往丰都国，遍游地府，然后上升成仙。此皆《楚辞·远游》之裔孙，所谓"转化以度世"者也。

游民社会及其思想问题

　　周朝时，以贵族城邑为中心，构成的城邦农庄生产体制，出现了可以"游于乡校以论执政"的国人游士阶层，也出现了以城市为主体的社会，商旅百工聚集其中。城市人具有文明的形象，市集、祭祀、燕会、游戏所构成的生活方式，更使社会上出现了游的精神。

　　但贵族城邦在春秋时期便崩溃了。秦汉以后，政府都用一套"编户齐民"的制度进行社会组织、动员及控制，居者与游者之间，乃形成了良民和坏蛋的对比关系。

　　"编户齐民"核心是户籍制度。编入户籍，政府可以纳籍管理、收税、征调的叫居民。不受户籍约束，四处流动的是黑户、游民。

　　居民与游民的对比关系，可以演绎如下："正常／异常"、"定居／流动"、"田宅／江湖"、"主体／边缘"、"良民／贱民奸人"、"敦厚／轻浮"、"勤劳／游惰"、"秩序／放逸"、"自食其力／寄食四方"、"安土重迁／见异思迁"、"安居乐业／不务正业"、"落地生根／流落江湖"、"聚／散"、"定／游"、"农人／不治农者"、"土著／侨客"、"木／水"、"有产／无产"、"本／末"、"主／客"……

过去学界研究中国人的思想与意识状态，多只谈到"统治者／被统治者"的朝野对比，或在野者入朝所涉及的"仕／隐"等问题，很少注意到：居民与游民的区分，竟在我们的意识内容中形成了这么复杂的对比架构，影响到我们的用语、思维方式及价值判断。

这些价值判断，因受王权及其具体编户齐民制度之影响，往往不自觉地也会倾向于定居业农的一方。所以看起来周朝那样的社会以及游的精神，也随之崩溃了。

不，它是扩大了。因社会实况不可能完全照"编户齐民"的理想走，在人的意识内容上又会自动予以平衡、调整。例如安田居宅，在一般情况下，大家同意它是一种可追求的生活方式；然若形容某人只知"求田问舍"，大家又会认为这是讥讽此人平庸无大志，仿佛必须去闯荡江湖一番，才能显示人生尚有豪情。因为与田宅安居相关联的观念，即是静态、稳定、厚重，是人被纳入秩序中。人在其中能获得安全感，却不能由此获得创造、新奇、放逸、不正经等感受，难免为之怏怏。所以，居者与游者间的评价，绝不如主政者的观点那样单一、畸侧，而是动态平衡的。

周朝的国人阶层虽具有游的性质，然而封建城邦之本质原本即在于身份差别制，故人民系定着在身份上的，这种定着虽非土地定着，其定着性却对人构成了难以跨越的限制，所以还不能真正地游。

等到春秋战国的"贵族凌夷",则打破了这种身份差别等级制,天下人的身份乃由不齐而齐,平等了。

不仅身份平等,人民流动也日益增加,《管子·问》:"问:国之弃人,何族之子弟也?问:乡之良人,其所牧养者几何人矣?"贵族流为平民,是阶层间的流动;流入他乡,则是空间的流动。

这两种都很剧烈。《左传·昭公三年》载叔向云:"民闻公命,如逃寇仇。"又《左传·昭公二十九年》,杜注:"民逃其上曰溃。"徐彦《公羊疏》也说:"扰乱其民,令之不安,由兹溃散。"封建城邦时代农民与土地的关系本就不很牢固,春秋时期各邦国君主贵族"迁人"或"出民"皆视为寻常;当时更有一种易田之法,即三年换土耕种一次,称为"爰土易居"。人本就不完全定着于土地上,遭逢春秋末期战乱频繁,流亡散离者当然更多了。

人民流散或归附,乃因此而成为政治良窳的指标之一。孔子曰:"近者悦,远者来。""远人不服,则修文德以来之。"只要政治清明,其他地方的人民自然会来归附,便成了新时代的重要信念。孟子说许行自楚到滕,向文公表示愿为其氓;又劝各国王者行仁政,认为若真能行仁政,民之归往,便将如水之就下,都是站在这个基础上发言。各国对于争取人民来归,也各有鼓励之措施,连《商君书》也有《徕民篇》曰:"诸侯之士来归义者,令使复之三世,无知军事;秦四竟之内,陵阪丘隰,不起十年征,者于律也。"新来归附者免服三世劳役,十年不征收租税,待遇实在够优厚了。

人民不但朝政治上有文德之处流动,也朝有文德的人物处流动。

《庄子·德充符》："常季问于仲尼曰：'王骀，兀者也，从之游者，与夫子中分鲁……'仲尼曰：'……奚假鲁国？丘将引天下而与从之。'"有文德者便能聚民，似乎是当时普遍的观念，战国诸子之所以能有一大批从游弟子，即拜此观念之赐。

但有德者聚合着一大批弟子，并不只在固定某国某地坐而论道，他们往往带着这一批人去归附有德的诸侯。这整个文德追求集团，其实即是一流民团，流到号称有德之君处，停下来观察一番；失望了，再走。有时半路绝粮，流民游士集团便成为游丐。努力一直走下去，遍干七十二君，然后发现道不能行，诸君皆非真有德而能王天下者，只好继续流浪，或"乘桴浮于海"，或"游于方之外"。不是在空间上遁于遐方，逃世离群，就是从精神上再去寻找一个能够遨游的空间。

此即游士之时代。大游特游，冀望由此得君行道，并实现自己内在的文德追求。那种效忠于一隅、一方、一国的想法，早已被弃若敝屣。孔子说得很明白："士而怀居，不足以为士矣。"《庄子·逍遥游》更以大鹏和蓬蒿间的小鸟相对比，讥讽："夫智效一官、行比一乡、德合一君而征一国者，其自视也，亦若此（指小鸟）矣。"

这真是与后世"土著户"的态度太不相同了。人人不安土重迁，连孔子都曾想搬到九夷去住，甚或移游海外哩！

当时也并非无土著定居者，居者也并不见得不敌视排斥游者。但总体看，游之事实与精神并非居者之势力所能压抑。秦之贵族排斥游士，李斯写一篇《谏逐客书》正面与之交锋，便大获全胜。安土重迁之说，谁还说得出口？

同时此游士时代所显示的那种热烈之文德追求态度，也令人惊异。一般人民，抛弃原有的居处，跋涉异地，寻求有德之君以便依附，商鞅称为"归义"，其为文德之追求，殆无疑义。用唐朝张玄素的话来说，就是"思归有道"。士人，如荀子那样，"年五十始来游学于齐"，四处游学求道，亦为求道之旅；若游而从师，所谓"从师学道于千里"，从游于一位有德君子身边，夫子步亦步、夫子趋亦趋，甚且从之绝粮、助之守城，也是道义的追求。

这即是游的精神之另一面向，新的开展：远游以求道，乃是意义的追寻。如《楚辞·远游》之不同于《诗经》，就在于它除了"驾言出游，以泻我忧"之外，还表现了追寻的这一面。

因为《远游》从"悲时俗之迫阨"开始，展开远游。但立刻便转入"惟天地之无穷兮，哀人生之长勤，往者余弗及兮，来者吾不闻。步徙倚而遥思兮，怊惝恍而乖怀"。因此，因现实世界一时的困顿与挫折而带来的悲情，迅速转换提升到人生意义的探索之层次，由"忧世"转为"忧生"。这是对人类生命本质的忧惧，哀恐生命飘忽，遽逝于天地之间；或"神倏忽而不返兮，形枯槁而独留"，丧失了生命的意义，徒存躯壳的活动。

为了解消这种生命的忧惧，作者向往传说中的一些成仙者，能真正"与化去而不见兮，离人群而遁逸"，"终不返其故都，世莫知其所如"，所以他也"恐天时之代序兮，耀灵晔而西征"，学周穆王去西游了。

可是此次西征并非往见西王母，不是空间上的旅行游历，而是求道之旅。他见到王子乔，要"审一气之和德"。王子乔教他："道可受兮，不可传。其小无内兮，其大无垠。无滑而魂兮，彼将自然。壹气孔神兮，于中夜存。虚以待之兮，无为之先。庶类以成兮，此德之门。"他得了道，于是精神飞行周游于超越境界。在天庭不死之乡遨游，风伯为其前驱，雨师雷公为其侍卫，众神并驾，乘着龙飞来飞去，十分快乐，所谓"欲度世以忘归"，"内欣欣而自美兮，聊愉娱以自乐"。

这时下视尘寰，发现"旧乡"的"旧故"很想念我，我也很想念他们，但我的路既已与之不同，只好继续"泛容与而遐举兮"，往南疑、览方外、从颛顼、历玄冥。整个生命至此完全超越了尘俗，逍遥倘佯于得道之境地："下峥嵘而无地兮，上寥廓而无天。视倏忽而无见兮，听惝恍而无闻。超无为以至清兮，与泰初而为邻。"

远游，具有净化心灵、洗涤灵魂的作用。而远游本身，则为求道之旅。整篇《远游》具体说明了求道的原因、经过，以及得道之后，灵魂如何得大解放大自在大超脱，"聊仿佯而逍遥兮"的状况。是了解当时人游之精神的重要文献。

不幸汉以后的注家，拘泥于屈原忠君之说，硬把它往屈原遭放逐后怀乡离骚方面去扯。实在讲不通了，近人廖平、胡适、陈钟凡、陆侃如等又说它不是屈原作的。另有人则据其中论道语断言："可见此篇完全是道家出世的神仙思想。"真是冤哉枉也！

实则王逸《楚辞章句》注谓此篇乃"避世高翔，求道真也"，已说对了一半。本篇确是追求道真，然非避世，乃度世。避世只有逃离社会现世之意义，度世才是出诸忧生而对此世生命的度越。人只有要解决这种生命存在的问题时，才需要求道。

故"道"并不只是政治措施、富国强兵等处理社会现实问题之术，乃是涉及生命归向之价值与意义问题的，是以孔子说"志于道"，"士志于道，而耻恶衣恶食者，未足与议也"，"朝闻道，夕死可也"，"笃信好学，守死善道"。

志道、求道，就是对道的追寻；信道、守道，则是对此价值与意义之坚持。游民游士的社会，人在抛弃了土地田宅以及旧乡亲故之后，"道"即成为他行动的准则与依归。

因为生命无论如何自由，如何无负累、无拘检，仍须要有能定得住的东西，否则便只好流于虚无，人生飘飘忽忽，不知伊于胡底。这定得住的东西，若不在田宅、货利、爵禄、国族、身份上，那就只能定在做人做事的原则上。孟子曾说：士人应该"无恒产而有恒心"，恒心就是人心要有所定，如孔子所说："居处恭，执事敬，与人忠。虽之夷狄，不可弃也。"

这就是道，孔子有时亦称此为仁道，如此章即回答樊迟问仁者，谓此乃人之所以为人之道。

人有做人的一般原则，也有特殊性的原则。例如大臣就该有做大臣的原则，该有大臣之道。《论语·先进》："季子然问：'仲弓、冉求可谓大臣也欤？'子曰：'……所谓大臣者，以道事君，不可则止。'"大臣该以道事君，这是做大臣的原则。依此原则，君亦应合乎君道，国亦应合乎立国之道，若不能如此，大臣便应离开。"止"者，趾也，走开之意。故子曰："笃信好学，守死善道。危邦不入，乱邦不居。天下有道则见，无道则隐。"（《论语·泰伯》）"邦有道，谷；邦无道，谷，耻也。"（《论语·宪问》）

孔子一向是如此的，其弟子亦然，如季氏要闵子骞做费宰，闵子骞就对使者说："替我辞掉吧！若再来找我，我就要逃到汶水上了。"游士，故须守道，守道者在遭逢无道时，自应继续远游。此谓之"徙义"。子张问崇德辨惑，子曰："主忠信，徙义，崇德也。"（《论语·颜渊》）

远游追寻求道、徙义归仁，便是此时游士社会发展出来的生活方式及精神状态。

这种志道徙义的活动，在秦以后甚为困难，因为主张安土重迁的王朝，制定了"迁徙刑"，迁徙变成了一种对犯罪者的处罚。汉承秦律，徙刑包括徒、谪、废等，自此乃有中国绵亘数千年的谪废流放之哀鸣。

可是春秋战国时期，迁是很平常的事。《春秋·闵公二年》"齐人迁阳"，《左传·襄公六年》，齐又"迁莱于郳，高厚、崔杼定其田"。成公十五年，许向楚请求"内徙"，楚即迁许于叶。昭公四年，楚又迁赖于鄢，楚子乃考虑迁许于赖。昭公九年，淮水流域几个国家更是大徙了一番，许国人迁到城父，城父人迁去陈国，方城外的人搬到许，城父的许国人又获得州来和淮北之田。在陈的城父人则另外得到夷的濮西之田。隔了两年，许、胡、沈、道、房、申又都迁到荆。再隔三年，又都搬回去了。

所谓"国家"，后世的定义之一，就是拥有固定的疆域和人民。以此观念来看此刻的各"国"迁徙状况，实觉不可思议。盖此所谓国者，疆域似定不定，人民也不定属于某一国，国家更可以迁来迁去。

古史所云尧、舜、盘庚等"迁都"之事，亦应如此理解。国是移动的，或出于自愿，或迫于形势，或战败被人处理安置。总之，国可迁，也常迁。国家、土地、人民三者的关系甚为松散，或国迁而人民并不全随国家徙动，或人民弃土迁离，国则不动。而国家内部也经常徙民。

《孟子·梁惠王上》："梁惠王曰：寡人之于国也，尽心焉耳矣。河内凶，则移其民于河东，移其粟于河内。河东凶，亦然。"此即国家内部之徙民。

秦汉以后，当然也徙民，但重在实边垦荒，或便于就近监控，不是把人民迁往更好的地方去。战国时之徙民却不同，是行此德政以广招徕。所以梁惠王自认如此用心而无效果时，孟子便教他施行仁政，谓若能行王道仁政，"斯天下之民至矣"。接着孟子又见到惠王的嗣君襄王，也告诉他要行仁政："诚如是也，民归之，犹水之就下。"《孟子·公孙丑上》又载孟子言，论其所谓王道仁政，甚为具体：

> 尊贤使能，俊杰在位，则天下之士皆悦而愿立于其朝矣。市，廛而不征，法而不廛，则天下之商皆悦而愿藏于其市矣。关，讥而不征，则天下之旅皆悦而愿出于其路矣。耕者，助而不税，

则天下之农皆悦而愿耕于其野矣。廛，无夫里之布，则天下之民皆悦而愿为之氓矣。信能行此五者，则邻国之民，仰之若父母矣。

廛不征，房屋不征税；耕不税，田亩不征税；讥不征，人货通关不征税；夫不收里布，无业游民也不征税。如此，当然百姓归附，近悦远来，"如此，则无敌于天下"。

这里所列的几种人，士、商、旅、无职业之夫，都是游民，农耕者也是，所以大家都朝有道义的地方流动。

周朝之游士游民现象，经春秋战国逐渐扩大化以后，出现了两种相反的力量。由于人民是流动的，如孟子所云，朝能行道施惠之地归附，所以各国都想办法去吸引招徕新氓。但同时，各国也都怕自己的人民会迁走，故都想法子要限制民众之流动。一方面鼓励流动，游民乃越来越多；一方面开始编户齐民，开始征收固定的房产税、田土税、通关税，人民流动就越来越困难。

孟子是法先王、复古道的，所以大声疾呼，希望能保持社会的流动性，让人民不属于一个固定的封域或政治团体，只属于他自己所认同的道义世界。君王与人民的关系，被认为并非统治者与被统治者的关系，犹如国君大臣之关系，非隶属关系，而是道义关系。

在道义关系中，"君使臣以礼"，"君子之道，其使民也义"，"使民如承大祭"；"臣事君以忠"，"忠臣以道事君"。忠，即"为人谋而不忠""主忠信，无友不如己者"的忠，强调敬事而信。

如果道义已亏，彼此之联结关系即告中断，臣民可以离去，可以视君王为寇仇，也可以将之推翻。

或许有人要说，所谓君主与臣民的非隶属关系，系以道义相维云云，只是一种美化的讲法。人民离开故君故土，其实是逃难；被压迫得受不了了，揭竿而起，也属于生存之挣扎，困兽犹斗，何况是人？士君子以道事君，不行则动脚趾离开，大抵亦然。若不走，怕遭整肃；更担心如果走不了，则需"危行言逊"，日子也不好过，只得忍痛出游。故游并不是消释烦忧或优游岁月，乃是逃难，流离散亡于天下。

此说甚是，我并不否认这些。但远游以求生，与远游以求道亦不矛盾。因为民众逃难求生，欲苟全性命于乱世，一定是由无道之国逃向有道之域，士君子的流动亦然。故求生之旅，亦不妨视为是与远游求道同类的活动。

其次，吾人当知此时民众原即是流动的，流动是常态而非变态，与后世之观念殊不相同。"氓"这个字，指人民。但这个民本来就是指游民，《说文解字》段玉裁注云："自他归往之民则谓之氓，故从民亡。"人民从此国迁到彼国，从甲邑移居乙邑，当然就是氓。朱骏声《说文通训定声》云氓为"自彼来此之民"，魏源说氓为"流亡之民"，都是这个意思。这些氓，可能"抱布贸丝"。但他们即令务农，也一样不定居于土地上，所以孟子形容他们是水，哪儿低洼就流向哪儿。

此等民氓，后世实亦有之。如实施严格之户籍制时，人民定居于土地上，土地收归国有，人则不准随意流动。户口在乡村的，到城里只能成为"黑户"。过去甚至还要打路条，才能离开本乡本地，出外办事。但纵使如此，仍有不少人是游流如水的。

据柯杨、赵宝玺《甘肃永登县薛家湾人的职业及其信仰习俗——关于中国的吉普赛人的民俗调查》云，该地现有近百户人家，惯于三五家一群，连年奔走四方，为人算命卜卦、禳病消灾，近似欧洲的吉普赛人。又据调查，江苏邳县，每至农闲时，男女便大批出外乞讨。山东郯城，也有女人出外行乞。此类游氓，显然并非任何社会所能消灭的。

但此或为种族，或成职业，或属于农耕定居生活之外辅助行为，与春秋战国时期不同。那个时候，民众基本上就是游的。"领土国家"的观念才刚刚出现，尚未定型，《左传·文公二年》记孔子语，谓臧文仲有"不仁者三"，其中之一就"置之关，所以禁绝末游"。可见人民本属游氓。春秋战国，攻战不休，人民流离及贵族凌夷，日益严重，自然也扩大了这种游民性。一般人民固然如水流散于方，游士也与人民一样大游特游。孔子、孟子、荀子等儒家是游的；墨家摩顶放踵，奔走于天下，也在游；道家、纵横家之为游，是不用说的；农家，如许行也带着徒弟们游。

游为常态，便无"逃难"之问题。逃难意识，是后代游民的重要生活经验意识内容，然却尚难见之于此时。因为逃难是定居社会的想法，只因定居的条件被破坏了，出现生存的灾难，所以才要逃。是无法再安宅旧厝，只好离乡背井。重点在于"逃离"某一灾祸地点。

而在游牧民族或流浪者（如吉普赛人）的观点来说，却不是这样的。闻说何处水草丰美，便游来聚居，所谓"远方之人，闻君行仁政，愿受一廛而为民"，动力在于"趋向"，是向某一乐土集中。

故逃难与趋乐，实为两种意识。"适彼乐土"是自由的，逃难则是无奈及不得已的。游民往水土甘美、有仁有义之地流动，是水之本性使然；为兵灾天祸人殃所迫而流离，是土块打散了的泥屑乱迸。看起来是一样的流动，放在不同的社会脉络里，其实便甚为不同。

在这样的游民游士社会里，配合着远游求道、适彼乐土的精神，此时便出现了另一种"天下意识"。

安居陇亩者的意识，是定着在他那一方田土上的，故有"方域""地盘"之观念。游民没有定着的土地，也不想拥有一块固定的土地；他们脚走到的地方，都属于他们，也都不属于他们。特别是土地私有权之观念尚未确定，游而居之，居而游之，又何必把自己束缚在一块地上？这样形成的，就是"男儿志在四方"的天下意识。

例如孔子是鲁国人，可是他说话时并不从"鲁国人"这个角度发声，动不动就说："君子之于天下也，无适也，无莫也，义之与比。""或问禘之义，子曰：不知也，知其说者之于天下也，其如示诸斯乎！指其掌。""天下有道则见，无道则隐。""巍巍乎，舜禹之有天下也而不与焉。"子夏也说："四海之内，皆兄弟也。"自居为一天下人，根本没有鲁国优先、鲁国主体性、鲁国本土关怀之类想法。

若非我们已知孔子为鲁人，恐怕我们在《论语》中也不太看得出他的籍贯。孔子如此，其他人也一样。事实上，"大师挚适齐，亚饭干适楚，三饭缭适蔡，四饭缺适秦，鼓方叔入于河，播鼗武入于汉，少师阳、击磬襄入于海"。大流动的时代，讲籍贯有何意义？"丘则东西南北之人也"，周游天下，遂有此天下意识，又有何可怪？

不过，天下意识细分又可以有两类。《庄子·大宗师》记录了一段孔子与子贡的谈话。这段话，是因子桑户、孟子反、子琴张三人相与为友，子桑户死时，友人临尸而歌，子贡甚为困惑，故问孔子。

孔子曰："彼游方之外者也，而丘游方之内者也。……彼方且与造物者为人，而游乎天地之气。"子贡曰："然则夫子何方之依？……敢问其方！"孔子曰："鱼相造乎水，人相造乎道。相造乎水者，穿池而养给；相造乎道者，无事而生定。"故曰："鱼相忘乎江湖，人相忘乎道术。"

从庄子的角度看，孔子仍只游于方之内，未脱离"游必有方"的层次。但这个方也不是固定的方域方国，而是以整个江湖为方，以道术为依归。其周游列国，席不暇暖者，正因他居于道术之中。

孔子之外，如"田骈以道术说齐王"，"（尹文子）救民之斗，禁攻寝兵，救世之战，以此周行天下，上说下教，虽天下不取，强聒而不舍"，亦皆是如此。

此时道术为天下裂，人人优游于道术之中，以道术为安宅，所以能够没有外在的具体的田土产业。他们的安居是内在于己的，只要不改其志，便可居天下之广居，立天下之正位，达天下之正道。

此时天下即是江湖。人相忘于道术，故亦相忘于江湖，不会有"江湖多风霜""江湖寥落尔安归"之感。

但江湖毕竟是平面的，游于江湖式的周流，据庄子看，仍是游于方之内。他提出另一种游的人生态度来，亦即所谓游于方之外，要求人与造物者为友，游于天地。

这是超越性的游，精神超越整个平面土地，彻上彻下，周流于上下，不只是四方而已。故曰游于方之外。

游于方之内者，实无定方，以道为安宅，本来就具有内在的超越性；此种方外之游，超越性更强。完全是精神飞越超举的凌虚状态。所以庄子不断用大鹏冲霄、列子御风等意象来形容，又说藐姑射之神人，不食五谷，吸风饮露，乘云气、御飞龙，而游乎四海之外。

神是会降真、会出游的，《诗经·周南·汉广》云"南有乔木，不可休思，汉有游女，不可求思"的游女，或谓即汉水女神。楚骚描述此类神游状态的更多。如《离骚》"和调度以自娱兮，聊浮游以求女，乃余饰之方壮兮，周流观乎上下"，《九歌·湘君》"驾飞龙兮北征，邅吾道兮洞庭"，《九歌·湘夫人》"帝子降兮北渚，目眇眇兮愁余"，《九歌·大司命》"广开兮天门，纷吾乘兮玄云，令飘风兮先驱，使冻雨兮洒尘"，《九歌·少司命》"与汝游兮九河，冲风至兮水扬波"，也都是神游。

游于方之内者，周流四方，相忘于江湖；游于方之外者，效法神游，超然高举，飘荡往来。这两种，都可称为天下意识。有此意识的人，浩荡行走在江河日月之间，故曰："士而怀居，不足以为士矣。"

我乃游人，游行久矣，愿以此邀请天下士，相与偕游。能成大鹏鸟，何必学麻雀？

中国图画史源于经史

近人所写各种中国绘画史，我认为毛病都是：不知中国学术脉络，不知图画源出经史、推本神灵。

推本神灵的部分，以后再说，这里先说它何以源出经史。

一、图谱学的体系

（一）史官兼为画师

《庄子·田子方》："宋元君将画图，众史皆至，受揖而立，舐笔和墨，在外者半。有一史后至者，儃儃然不趋，受揖不立，因之舍。公使人视之，则解衣般礴，臝。君曰：'可矣，是真画者也。'"这里说的"史"即是画师。

宋郭熙《林泉高致·山水训·画意》引此，也直谓画史："世人止知吾落笔作画，却不知画非易事。《庄子》说画史解衣般礴，此真得画家之法。"可见这也是宋代画家的自我认同。

（二）史官掌管图录

《墨子》有曰："河出绿图，地出乘黄，武王践功。""绿"通"箓"或"录"。又《尚书·顾命》说："大玉、夷玉、天球、河图在东序。"东序即大学，也是藏书之所。《礼记·王制》："夏后氏养国老于东序。"郑玄注："东序、东胶亦大学，在国中王宫之东。"藏书和教育，都由史官掌理，老聃尝为守藏史是也。

（三）经史皆有图谶

汉人有图谶之学。初，宛人李通以图谶"刘氏复起，李氏为辅"，劝说刘秀起兵。

建武二年（26），命博士薛汉、郎中尹敏校定图谶。

建武三十年（54），群臣上言，要求皇帝封禅，刘秀未允。两年之后，斋戒时读到《河图会昌符》中的"赤刘之九，会命岱宗"，乃令梁松等人重新根据"河图洛书"，向他说明有关封禅之事。

建武三十二年（56）登泰山，举行封禅仪式并刻石以记之。

建武中元元年（56），光武帝起明台、灵台、辟雍及北郊兆域，又正式"宣布图谶于天下"，图谶遂大兴。

但历来经学家解释"图谶"，都说是预言。这就只讲了谶，而忽略了图。其实图颇不少。

一部分由河图洛书来，如《河图会昌符》《河图合古篇》《雒书甄曜度》等，据日本学者安居香山统计，河图类纬书有43种，洛书类纬书有18种，皆为河图洛书衍出者。

其他经书之"纬"，也有许多图。

易纬有《易纬稽览图》《易纬坤灵图》《易通统图》《易河图数》《易状图》《易统通卦验玄图》。

诗纬有《诗纬图》。

礼纬有《礼瑞应图》。

乐纬有《乐叶图征》《乐五鸟图》。

春秋纬有《演孔图》《合诚图》《春秋保乾图》《五帝钩命决图》。

孝经纬最多，有《孝经内事图》《孝经古秘图》《孝经左右契图》《孝经内记图》《孝经内记星图》《孝经内事星宿讲堂七十二弟子图》《孝经口授图》《孝经分野图》《孝经雌雄图》《孝经异本雌雄图》《孝经河图》《孝经瑞应图》等。

瑞应图、星图、分野图、七十二弟子图等等，都明显不仅有文字，还配了图的。传经之士，无不通习这类图。

何况经学中本来就有图的，汉郑玄、晋阮谌、唐张镒等人所撰《三礼图》就有六种。诗呢？三国陆玑《毛诗草

吴大澂集《散氏盘》联：东井西疆登大有，左图右史付新传

木鸟兽虫鱼疏》固然无图，后来就颇加图示了，如明钟惺《诗经图史合考》即是。其他周官制度、冠冕形制也都要有图来作解释，纬书之所以有图，正与此相关。

二、早期"名画"多是经史图录和道教符图

要懂这些，才能读懂传统画论一些东西。例如《历代名画记》卷三"古之秘画珍图"提到的珍贵图画都是些什么？不就是经史图录和道教符图吗？

《龙鱼图》；《六甲隐形图》；《五帝钩命决图》；《孝经秘图》；《孝经左契图》；《孝经雌雄图》；《遁甲开山图》王粲。

《甘泉宫图》汉武；《汉麟阁图》二，武帝一、宣帝一；《鸿都门图》孔圣七十子；《西王母益地图》舜；《南都赋图》戴安道；《云汉图》刘褒；《黄帝明堂图》汉武；《五岳真形图》汉武；《韩诗图》十四；《论语图》二。

《蚩尤王子兵法营阵图》；《鲁班攻战器械图》；《黄帝攻法图》；《伍胥水战图》；《吴孙子兵法云气图》。

《五星、八卦、二十八宿图》；《十二星宫图》三；《日月交会九道图》；《分野璇玑图》八。

《望气图》；《河图》十三又八卷。

《诗纬图》一；《春秋图》一；《孝经谶图》十二。

《浸潭泥图》七；《八卦、八风、十二时、二十八宿音律图》

十一；《周公成坏吉凶图》一；《妖怪图》四；《相宅园地图》一；《黄帝樊薛许氏相图》一；《阴阳宅相图》一；《马像图》八；《三王相鹰图》一；《疗马百病图》四。

《老子黄庭经图》一；《大搜神芝图》十二；《黄帝升龙图》一；《山海经图》六，又钞图一；《太史公议书图》八，又《汉记图》三，太史公画二十八人；《大荒经图》二十六；《河图括地象图》十一；《天地郊社图》。

《诸卤簿图》不备录，篇目至多；《古圣贤帝王图》二，又六；《古瑞应图》；《魏帝所撰杂画图》一；《魏顺应图》四十；《大驾卤簿图》三；《明帝太学图》三。

《列仙传图》一；《搜神记图》四；《百国人图》一；《地形图》张衡；《地形方丈图》裴秀。

《孙子八阵图》；《太一三宫用兵成图》二；《浑天宣夜图》各一；《日月交会图》一（○），郑玄注；《章贤十二时云雨气图》。

《十二属神图》；《神农本草例图》。

《周礼图》十四；《周室王城明堂宗庙图》。

《江图》三，刘氏，又一张氏。

《吴孙子牝牡八变阵图》二；《黄石公五星图玄图》一；《占日云气图》京兆夏氏、魏氏等并有。

《二十八宿分野图》；《风角五音图》。

《三礼图》十卷，阮谌等撰。又十二卷，隋文帝开皇二十年勅有司撰，左武侯执旗侍官夏侯朗画；《尔雅图》上下两卷，陈尚书令江灌，字德源，至武德中为隋州司马，并着《尔雅赞》二卷、《音》六卷。

《忠孝图》二十卷，唐故凉州都督李袭誉贞观三年撰，奏上嘉之，并传赞。《汉明帝画宫图》五十卷，第一起庖牺，五十杂画赞。汉明雅好画图，别立画官，诏博洽之士班固、贾逵辈，取诸经史事，命尚方画工图画，谓之画赞，至陈思王曹植为赞传。

《益州学堂图》十。画古圣帝贤臣七十子，后代又增汉、晋帝王名臣，蜀之贤相牧守，似东晋时人所撰。《鲁庙孔子弟子图》五。是鲁国庙堂东西厢画图。《传国玺图》姚察撰并记。

《洛阳图》一名《杨宫图状》，杨佺期撰。《区宇图》一百二十八卷，每卷首有图，虞茂氏撰。

《职贡图》一。外国酋渠诸蕃土俗本末，仍各图其来贡者之状。《金楼子》言之，梁元帝画。

《中天竺国图》有行记十卷，图三卷，明庆三年王玄策撰。

《祥瑞图》十卷。起天有黄道，失撰者。《符瑞图》十卷。行日月杨廷光并集孙氏、熊氏图。

《白泽图》一卷。三百二十事，出《抱朴子》，黄帝巡东海而遇之。《古今艺术图》五十卷。既画其形，又说其事，隋炀帝撰。《灵秀本草图》六。起赤箭，终蜻蜓，源平仲撰。《本草图》二十五。其形状苏敬撰，明庆中事。

《易状图》一；《灵命本图》二；《辩灵命图》二。

这些图，才是中国绘画的渊源所在，所谓"源出经史"。可惜现在讲画史的人都陌生了，对之茫然。

三、图与史的动态关系，造成历史的演变

理论性的说明，则可看郑樵《通志·图谱略》。该篇也跟我一样，由"象"谈起，曰"索象"；且特别提到图与书的配合，左图右史：

> 河出图，天地有自然之象；洛出书，天地有自然之理。天地出此二物以示圣人，使百代宪章，必本于此，而不可偏废者也。图，经也。书，纬也。一经一纬，相错而成文。图，植物也。书，动物也。一动一植，相须而成变化。见书不见图，闻其声而不见其形；见图不见书，见其人不闻其语。
>
> 图至约也，书至博也。即图而求易，即书而求难。古之学者，为学有要，置图于左，置书于右，索象于图，索理于书。故人亦易为学，学亦易为功，举而措之，如执左契。后之学者，离图即书，尚辞务说，故人亦难为学，学亦难为功。虽平日胸中有千章万卷，及置之行事之间，则茫茫然不知所向。
>
> ……汉初，典籍无纪。刘氏创意，总括群书，分为《七略》，只收书不收图，艺文之目，递相因习，故天禄、兰台、三馆、四库内外之藏，但闻有书而已，萧何之图，自此委地。后之人将慕刘、班之不暇，故图消而书日盛。……

至今，虞、夏、商、周、秦、汉上代之书具在而图无传焉。图既无传，书复日多，兹学者之难成也。天下之事，不务行而务说，不用图谱可也；若欲成天下之事业，未有无图谱而可行于世者，作《图谱略》。

说图谱有专门之书，也有专门之学。这套学问的内容，他则另辟"原学"申论之。各位当看其原文，我就不抄了。

总之，一，他强调图与史相辅相成，史多有图录表谱。二，图是史。古代画图，以人物画、记事画为主。记人、记事，皆与史传同工。三，后来图渐与文字相兼，或类同（象形、指事、会意），或类化（字朝图像发展，图像朝文字、书法发展）。四，以致后世图虽仍归于史，却是图的"除魅"，将之"理性化"的发展。早期的图都具神圣、神秘性。

四、画与神的连结

我同意他所讲的，但要稍作补充的是：这种图与神的连结，并未丧失，中国绘画最终仍然讲究"传神""有神"，还有许多"画中仙"的故事。《牡丹亭》中杜丽娘就是死后附在画上。

张彦远《历代名画记·张僧繇》则记："张僧繇于金陵安乐寺画四龙于壁，不点睛。每曰：'点之即飞去。'人以为妄诞，固请点之。须臾，雷电破壁，二龙乘云腾去上天，二龙未点眼者皆在。"

又，《世说新语·巧艺》："顾长康画人，或数年不点目精。人问其故，顾曰：'四体妍蚩，本无关于妙处，传神写照，正在阿堵中。'"

现今许多画论大谈顾恺之的传神论在中国绘画史上具有划时代的意义，又谓其说基于魏晋之形神论，都是昧于源流的胡扯。

《吕氏春秋》即说"九方皋相马"，《淮南子·原道篇》亦说"形者，生之舍也；气者，生之充也；神者，生之制也"；"以神为主者，形从而立；以形为制者，神从而害"。此先秦以来之老生常谈也，何待魏晋始知形神论哉？

后世又直呼人物写真为"传神"。如宋张师正《括异志·许偏头》："成都府画师许偏头者，忘其名，善传神，开画肆于观街。一日，有贫人，敝衣憔悴，约四十许，负布囊，诣许求传神。"

明叶盛《水东日记·传神》也说："吾平生传神，不啻数十人，无一得真，希纯乃能若是。"黄宗羲《赠黄子期序》："有慈溪魏霞生者，无所传授，多为村落传神，无有不肖。"

清蒋骥论肖像画的专著，名字即叫《传神秘要》。

评画之标准也在于它是否能传神，如宋赵昌以画色彩明丽、生动逼真的折枝花果著名，被誉为"与花传神"。

清沈初《西清笔记·纪名迹》也说："李龙眠诸卷中，以《三马图》为最上，清高深稳，真为传神三昧。"

恽寿平《南田画跋》则主张："世人皆以不似为妙，余则不然，惟能极似，乃称与画传神。"恽南田乃画中常州派（《国朝画征录》

载"近日无论江南江北，莫不家家南田，户户正叔"，遂有常州派之目），在清代很有代表性。

而且这其实是中国艺术通用之标准，如王延寿《鲁灵光殿赋》："非夫通神之俊才，谁能克成乎此勋。"杜甫《奉赠韦左丞丈二十二韵》："读书破万卷，下笔如有神。"《李潮八分小篆歌》："书贵瘦硬方通神。"李商隐《王昭君》诗："毛延寿画欲通神，忍为黄金不顾人。"苏轼《柳氏二外甥求笔迹》："退笔如山未足珍，读书万卷始通神。"黄升《木兰花慢·题冯云月词后》："惟有空梁落月，至今能为传神。"姚宽《西溪丛语》："尝有道人善棋，凡对局，率饶人一先，后死于褒信，托后事于一村叟。数年后，叟为改葬，但空棺衣衾而已。道人有诗云：烂柯真诀妙通神，一局曾经几度春。自出洞来无敌手，得饶人处且饶人。"

是呀，烂柯真诀妙通神。如果不能掌握此理，就别论中国画了，得饶人处且饶人，放过中国画吧！

文人画的形成

真正文人画的出现，应该从宋代讲起。

宋代欧阳修、苏东坡是文人画的提倡者。他们有诗说"论画以形似，见与儿童邻"（苏东坡《书鄢陵王主簿所画折枝二首》），论画不以形似为重，就突破了我们原来绘画观念中对物象的刻画。不完全刻画物象，才有"神似"这一说法。

东坡还有一首长诗，比较吴道子与王维，推崇王维的画超越了画工。这个评价对后代有重要的影响。论画不重形似、不重画工之画，而是要学习王维这样的诗人画。所画形象可能甚是简略乃至不像，但是意境高远，可以超越一般画工的境界，这就是我们所讲的文人画。

明沈颢《画尘》云："今见画之简洁高逸，曰士大夫画也。以为无实诣也。实诣，指行家法耳。不知王维、李成、范宽、米氏父子、苏子瞻、晁无咎、李伯时辈，皆士大夫也。无实诣乎？行家乎？"

行家，指那些专业画师。士大夫画，也就是文人画，被认为是文人遣兴之作，虽有简逸之趣，却无实诣，少真功夫。这行家与士大夫之分，便是内行、外行之别。

这种区分，早在宋代即已出现。张端义《贵耳集》说："两制皆不是当行，京谚云'戾家'是也。"戾家与行家相对，指不在行、不当行的人。当行才能本色，不当行则非本色，所以才叫戾家。

明何良俊《四友斋丛说》云："我朝善画者甚多。若行家当以戴文进为第一，而吴小仙、杜古狂、周东村其次也。利家则以沈石田为第一，而唐六如、文衡山、陈白阳其次也。"行家、利家之分，仍沿用宋元行家、戾家之说。利家，有时也称为隶家、逸家，都是戾家的同音之变。

然而，到底行家和戾家，谁比较好呢？文人异口同声说：当然文人较专业画师更胜一筹！于是这就出现了著名的董其昌南北分宗说。

所谓南北宗，其实就是文人画与专业画师画之分，故詹景凤跋《山水家法》云："山水有二派，一为逸家，一为作家。逸家始自王维……作家始自李思训……若文人学画，须以荆关董巨为宗，如笔力不能到，即以元四大家为宗，虽落第二义，不失为正派也。若南宋画院及吾朝戴进辈，虽有生动，而气韵索然，非文人所当师也。"文人画是逸笔草草、气韵生动的南宗水墨。行家是北宗，是精细的青绿山水。行家工力虽深，却以"板细乏士气"，为文人所轻。

宋元文人画作本已颇为发达，现在经这一番鼓吹，建立了南宗的谱系，当然声势大振。整个明末与清代，大体都笼罩在这种风气之下。因此，绘画的笔墨越来越简淡，也放弃了绘画所追逐的形似。绘画以物象与颜色为其要义。原先在中国绘画中设色很重要，但是我们很快地找到了水墨，放弃了颜色，只剩下了黑白二色。绘画也不再刻画物象了。过去"谢赫六法"还讲经营位置、传移模写等，到文人画里就只谈气韵生动了。

这样到董其昌、陈眉公等人出来，将此种画称作"南宗画"。南宗北宗，是模仿禅宗的南能北秀：南宗顿悟，北宗渐修。画工的技术要好，十日一山、五日一水，需要苦练；文人则不需要，显示出他的文人修养就好。所以重点不是画画的技术，而是靠读书，培养诗文的涵养，在画画中体现这种文人气。

之后，画也基本上不强调画，而强调写，跟文人的书写是一样的。赵孟頫说八法通于六法，绘画的六法与八法是相通的。画竹子、叶子、石头等都是用楷、草、隶、篆书法的笔法。后来人讲"书画同源"其实是从这里开始的。绘画的笔法就是书法。所以，文人画比画家画更正宗。

但是在早期绘画中，最重要的是人物不是山水，如帝王将相、名人高士、美女英雄等。在文人画出现以后，才形成了重大的转变，以水墨山水为主。

山水画根本不是客观的画。笔下造出来的山水，是从中国山水诗中来的。元朝人可以题画中之山水，但是面对真山真水却又灵思枯竭，原因就在于此。对山水的美感，已经是被山水诗训练出的美感了。……所以文人画的内涵，不但只是文人气，还有由山水诗、山水赋中慢慢形成的文学性的山水观，这是构成文人画的基本内涵。更不要说其他表现文人情趣的题材，比如读诗、作文、绘图、焚香、品茗等，画来画去，都是文人的生活与品味。

除此之外，文人阶层的势力也是造成文人画压过了行家画的重要原因。在中国，各种艺术朝向文学转换，都跟文人阶层力量的扩张有关。文人看不起画工。唐朝大画家如阎立本，都还告诫子弟将来不准学画。这足证古人并不认可专业画家，因为一旦专业就不通达，所谓"君子不器"。

我有金箆术，重开书画眼

中国人喜欢说"书画同源"。但这个话题久无进展，因此也就失了新意。

从眼前的新事例谈起。

近年书法渐获重视，学童捻笔作字往往清新可喜。但我常听到一些教写字的朋友主张儿童练字应从篆书开始。

他们有各种理由，可是我都不赞成。儿童练字，最基本的是把日常书写写得干净利落、端正美观，不以成为书家为目的。古文异体、草隶篆籀，不切实用，也增加儿童辨识文字的难度，还是以后再说吧。

一、具有图像性的篆字

若有了基本功，则篆字又不可不涉猎。不是说要成为书家，而是篆字有很多趣味可以参玩。

最明显的，就是它还具有很强的图像性。早期"依类象形"的象形字，固然仍近乎图画，就是指事、会意也多似符号性的图案，甚至还有些本来就是族徽之类的符号。

所以后来画家谈"书画同源"的问题时，只溯源于赵孟頫是不对的。

赵氏题《枯木竹石图》说："石如飞白木如籀，写竹还应八分通。若还有人能会此，须知书画本来同。"讲的只是用笔。近代黄宾虹《古画微》说"书画同源，贵在笔法，士夫隶体，有殊庸工"，

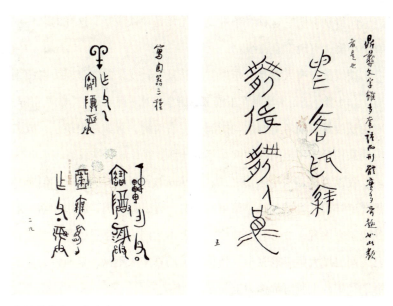

龚鹏程作品：吉金文存

继承的就是这种说法。

这其实是元明清文人画家的窠臼，论画只从笔法上论。殊不知篆籀并不只如画木头时的用笔，它是整体都有图像性的。

二、图像以笔法为主

但篆书的图像性有一个特点：它的图只以线条构成，而不是以涂抹或色块。这就与一般图画区分开来了。

赵孟頫、黄宾虹等画家论书画同源都只从笔法上讲，原因也得从这方面看。

而特别标明它这种线条性质，无疑是"铁线篆"这样的名称，整个小篆，可说都是铁线。

铁线篆，有人说是从李斯"玉筋篆"转变来的。李斯《泰山刻石》《琅琊台刻石》等叫作玉筋篆，唐李阳冰《谦卦碑》《城隍庙碑》则为铁线篆。前者笔画均匀圆润，左右对称，犹如两根筷子，故名玉筋篆；后者用笔刚劲如铁，笔画纤细如线，故叫铁线篆。

我以为这是强生区别之谈。玉筋固然可以解释为筷子，但未必需要这样解。讲的就是小篆可以无肌、骨、血、肉，纯用如筋一般的线条来表现，故形容为铁线。两者本是同一个意思，所以唐代齐已《谢昙城大师玉筋篆书》诗称"玉筋真文久不兴，李斯传到李阳冰"，把两人所写都称为玉筋篆。

李斯和李阳冰的篆字

龚鹏程作品：骋书剑，舞霓裳

这是篆字比较极端的写法。我们后来可能还是会带点骨肉肌血，以求润泽些，如上图这样，但线（也就是筋）还是最基本的。

三、与道教符图及真文相呼应

但齐已诗又把玉筋篆称为"玉筋真文"是怎么回事？

真文，是道教一种文字信仰，说天地开辟时，火光振耀，出现了宇宙最初的纹理。这种纹理，即是天地之初文，后来一切事物皆由此开显，故曰真文。

真文都是云气纠缭的线条，故齐已也把玉筋篆视如真文。

不但如此，前面谈到的图像、线条、书画同源等等，也都可以合起来讲它们的道教渊源。

道教之传，是有符有图的。符就像下面这张我画的符，主要是由真文演变下来的文字。图则有《五岳真形图》等等。

《五岳真形图》，据南怀瑾说："我们中国有一本书，不但外国人不懂，连中国人也看不懂，这本书就是无字天书，只有图案，没有文字，在《道藏》里边。以我看来，这本书就是地球物理学，全书都是图案，画了很多圈圈，都是洞洞，白洞黑洞，究竟哪一个指什么，谁也不晓得。这本书就是《五岳真形图》。在我们中国古时，认为地下面都是通的，地球是个活的生命。我们古人之所以把地球视为一个活的生命体，就是认为地球里边有人。"

全错！

五岳古本真形图（局部）

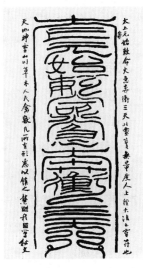
龚鹏程作品：道教符图

第一，《五岳真形图》本身既是图，也属于真文，故《抱朴子内篇·遐览》："道书之重者，莫过于《三皇内文》《五岳真形图》也。"

第二，《五岳真形图》不只是一张图，还有一整套配合的理论、来历说明、使用方法、相关科仪咒语等，所以它其实是有文字的。其详可见《五岳真形图序论》，收入《正统道藏》正一部，参见《云笈七签》卷七十九。

第三，最重要的，《五岳真形图》讲的不是洞洞，不是地底下的事，而是天上与地面，是神仙观山水之象而作，图状五岳之形的。南先生把它跟南朝时的洞府说搞混了。沈约《善馆碑》："或藏形洞府，或栖志灵岳。"藏形洞府和栖志灵岳是两路修炼法，南先生不明其分际。

汉武帝太初年中，冯翊人李克就曾向汉武帝献过《五岳图》，为此，武帝特封李克为"负图先生"。其后东方朔再献《真形图》。

其《海内十洲记》记载："禹经诸五岳，使工刻石识其里数高下……不但刻度五岳，诸名山亦然。……臣先师谷希子者，太上真官也，昔授臣昆仑、钟山、蓬莱山及神州真形图。昔来入汉，留以寄知故人，此书又尤重于岳形图矣！……武帝欣闻其说。明年遂复从受诸真形图，常带之肋后，八节当朝拜灵书，以求度脱焉。"

这批昆仑、钟山、蓬莱山及神州真形图，规模比五岳还大。且说到大禹令人刻度诸山。重要的名山都有图，东方朔的老师还传给他海外昆仑山、蓬莱山等仙山的真形图。刻度就是描绘测量。

《五岳真形图》每岳一图，图形似道家之符，弯曲盘绕，画迹诡异。道士传说，佩此图入山不迷，平安大吉。明人诗云："身佩《五岳真形图》，夜登天台搜落叶。"

这图，除了道家重视之外，画家也同样看重。唐人裴孝源《贞观公私画史》中即有《五岳真形图》一卷。史家亦然，《通志》便录有《古今五岳真形图》及葛洪撰《五岳真形图文》一卷。现在讲绘画史、艺术史的朋友，可惜都不知道这层渊源。

宋人所编《云笈七笺》卷七十九收有东方朔撰《五岳真形图序》，曰："五岳真形者，山水之象也。盘曲回转，陵阜形势，高下参差，长短卷舒，波流似于奋笔，锋芒畅乎岭崿，云林玄黄，有如书字之状，是以天真道君，下观规矩，拟纵趋向，因如字之韵随形而名山焉。"

龚鹏程写云篆：东方灵文

　　这一段文字，既可说是工程测绘，亦可当画论看。点明了这些似字非字、奇形怪状的图形表现的是山水之象。"下观规矩，拟纵趋向"诸语：下观，即俯视；规矩是测量用具或技法；拟纵趋向是指此图有方位。"波流似于奋笔，锋芒畅乎岭崿，云林玄黄，有如书字之状"则是比拟于书法。

四、画图如书字

　　为何说图而忽然强调其笔如书字？

现在画史研究者都说宫廷画院始于五代，盛于两宋；后蜀蜀主孟昶创立的翰林图画院是中国历史上最早出现的画院。讲得好像古代就没有这类机构，也没有这类画师似的。

殊不知朝廷中养着一批画工，是自古而然的，《庄子·田子方》说"宋元君将画图，众史皆至"，这些人就是朝中画家。

只是历代养这批人的机构，也跟其他政府机关一样，名称变来变去。例如，汉代叫"尚方"。唐代则阎立本担任过将作少监、将作大匠、将作大将，"将作"就是朝廷工技所在之机构，画师即在其中。

在政府中，画师属于工匠体系。比画工位阶更高一点的，是文字供奉，如汉代早期司马相如这类"文学侍从之臣"。东汉灵帝光和元年（178）更设立了鸿都门学。因设在洛阳鸿都门而得名，由州、郡、三公荐举"能为尺牍、辞赋及工鸟篆者"，考试合格方得入学，曾招了上千人来培养。师宜官、梁鹄等书法家据说都由此崭露头角。

这些文字艺术家，是可以当官的。在朝廷行政体系中，这些人自然便会成为画工往上效法的对象，故整体形势上，绘画益发朝书法"类化"。

吴道子就是一例。唐朝开元年间（713—741），吴以善画被召入宫廷，历任供奉、内教博士，并命他"非有诏不得画"。

吴画很多，也有不少神奇的传说。唐玄宗东封泰山，还至潞州（今山西长治）时，召吴道子、韦无忝、陈闳等同绘《金桥图》尤为著名，"时谓三绝"。吴道子主画的是桥梁、山水、车舆、人物、

《八十七神仙卷》局部

草树、雁鸟、器仗、帷幕等。

这画已亡逸。但当时是因玄宗见数千里间"旗纛鲜洁，羽卫整肃"而作，这种帝王仪仗之盛、群臣将士呼拥云簇之壮，现今仍可以从吴道子的《八十七神仙卷》里看到。

吴道子的画，特点在这张图里毕显无遗。所谓"吴带当风"，衣袂翩翩，全靠线条。

对于吴道子这样的画，研究者解说万端，又是神悟，又是佛缘，又与犍陀罗艺术对观，又和"曹衣出水"比较，都讲不清楚。因为他的笔法，秘诀全从书法来。

五、书画同笔，由篆到草

张彦远《历代名画记》其实早就说过："国朝吴道玄古今独步，

前不见顾、陆，后无来者。授笔法于张旭，此又知书画用笔同矣。"强调吴道子擅长书法，并且能书画同笔，还把笔法传授给了张旭。

如果读者诸君还记得我说过东方朔《五岳真形图序》"波流似于奋笔，锋芒畅乎岭崿，云林玄黄，有如书字之状"是比拟于书法的事，自会知道这其实正是朝廷图画的传统，也是道教的传统。吴道子即是特别能体现这一点的画家，故只重线条，只谈笔法，白描取胜，不重敷彩。

实践上，《历代名画记》记："吴生每画，落笔便去，多使琰（翟琰）与张藏布色。"他作壁画常只描个大概，其余由弟子完成。如洛阳敬爱寺《日藏月藏经变》即是翟琰完成的。

一般画史常以为这是新变，其实恐怕恰恰是古法。早先顾恺之画，评者即说他笔迹周密，紧劲连绵，如春蚕吐丝、春云浮空。其后人物画，曹吴二体，为学者所宗。所谓"吴带当风，曹衣出水"，曹指北齐曹仲达，本曹国人，工画梵像。吴之笔，其势圆转而衣服飘举；曹之笔，其体稠叠而衣服紧窄。长处和区别都在笔法上，跟色彩、墨法没啥关系。中国画，讲线条、重笔法，从来都是第一位的。

荆浩《笔法记》对吴有点不满，尝语人曰："吴道子画山水，有笔无墨。"又说："吴道子笔胜于象，骨气自高，树不言图，亦恨无墨。"

他自己是想要有笔又有墨的，所以说"凡笔有四势，谓筋、肉、骨、气"。在筋之外，补充以肉、骨、气。

然而，不论如何补充，筋仍居第一位。张彦远《历代名画记》

卷一《论顾陆张吴用笔》说的也是筋："一笔而成，气脉通连，隔行不断。""虬须云鬓，数尺飞动，毛根出肉，力健有余。……巨壮诡怪，肤脉连结。"

近代由于张大千的缘故，常让人以为我国绘画，宋之前以人物画、金碧山水为主；宋以后，以水墨山水为主。因为大千先生远赴敦煌临摹北朝及唐贤壁画，正有恢复古代人物画和用色之法的雄心。他晚年的泼墨虽亦效法唐人，但墨彩并用，气貌遂大异于宋元以降者。

实情当然不是如此。张大千贡献非凡，但他的秘诀同样不在用墨用色上，而在他从曾农髯、李梅清那里学到的碑版书法中。

去敦煌学唐人用色？他难道没读过荆浩的《笔法记》？荆浩早就讲过："水晕墨章，兴吾唐代……真思卓然，不贵五彩。"吴道子更是根本白描，有笔无墨。

可见中国画，色彩是可以去掉的，墨也可以不用，唯有气脉通连，肤脉联结，如春蚕吐丝、春云浮空，其势圆转，"波流似于奋笔，锋芒畅乎岭嶭，云林玄黄，有如书字之状"，才是它的真际。从来就是"写"，不是宋元之后才把画画称为写的。书画同源，当由此观之。

这是从画这方面讲的。倒过来，你还可以顺着我这篇文章的脉络，从书法的角度想想：玉筋铁线之篆，虽已是曲折婉转的线条，毕竟一字一字，短截有"锋芒畅乎岭嶭"之美，却还没有春云浮空、气脉通连之感。道家真文云篆就有了。其后更经顾恺之"笔迹周密，紧劲连绵"、吴道子"其势圆转而衣服飘举"这类画笔作用于其间，因而出现张旭、怀素那种连绵大草，岂不是很自然的事吗？

现在谈张旭、怀素，只知从"二王"说渊源，不晓得综合书画来论笔法，故不免错认了脉络。想当年，刘禹锡有《赠眼医婆罗门僧诗》说人年未老而眼已花："看朱渐成碧，羞日不禁风。师有金篦术，如何为发蒙？"用金篦刮去眼上浮翳，是类似现在刮去白内障的技术，据说由印度传来。如今写字的、研究书法史的，恐怕也须要以我介绍的这套"金篦术"重新发发蒙。

写花笺

　　杜甫《戏题王宰画山水图歌》说"十日画一水，五日画一石。能事不受相促迫，王宰始肯留真迹"，可见画甚费时。我懒，故不常作画，而颇论画。某年甚至还为北大学生讲了一学期肖像画。

　　也不是多爱谈画，而是有天兴起，拿了几张便笺，随笔写了几则关于人物画的事。后来就以这当个话头，把便笺作为讲义开始讲起来了。所说，唾咳随风，早已佚忘，便笺倒还幸存几张，可供忆想。

　　例如这一则，是说人物画起源于纪念。家族纪念祖先、政权纪念功臣、社会纪念圣贤。故我国绘画史上"人物画早于山水画，尤重于山水、翎毛、走兽等等"。

　　这张，则记了几桩文人轶事。说陆丹林曾见张大千一幅仕女图，觉得酷似他已亡女友，大千遂把这画送给他了。潘兰史因而作一诗说："妙笔张髯偶写真，惊鸿画里现全身，却疑帐里姗姗步，好托微波赋洛神。"后来诸季迟也有"还从张髯补天手，返生香里写双

龚鹏程作品：肖像画讲记

身"之诗。

　　杨士猷也有类似一事。他有一幅"玉楼人醉杏花天图"，某青年重金收购，并求见。说画中人与其已亡女友太像了，足慰思念，故特来拜谢。

　　两事当然是巧合，但一来可知情之所系，画身不妨竟做真身。二来可与古代观画慕色而进入画中，与女子相缱绻的传奇小说戏曲做些对比。三则传统画，特别是人物画，近人多以为是不写实的，属于程式化、理想化绘画，跟西方人物画没法比。可是这些故事却显示了"不写实而如实"的状态，很值得研究。讲课时，正好大大

龚鹏程作品：吉金文录之一

申论了一番。

　　我用的笺纸，甚为简素，一张只配着一件茶具，如茶盏、茶碾子等，出自扬州国书馆。当时我用这一批纸，大约是认为喝茶聊天时还颇适合聊聊这些事吧。

　　扬州国书馆近年所制笺纸不少。我在南京大报恩寺办"侠客报恩行"掌门人大会时，还请他们做了一套"三十三剑客图"，分赠来会的武林同道。

　　这几张笺纸就更花了，是萝轩变古笺。这是现存第一部笺谱，出于明代天启年间，比崇祯年间的《十竹斋笺谱》还早。有178种图样，且首次使用了饾版拱花技法。

　　其实我们写字的人并不需要花样太繁巧的笺纸，所以对十竹斋笺和萝轩变古笺的评价，可能会跟鲁迅、郑振铎不太一样。他们更多的是从工艺和美术上看。若从书法看，则花样繁巧反而常常喧宾夺主。而且因为矜惜画面，故也不能重墨阔笔，否则会有持杵莽汉踏破了小姐花篱之感，写来不敢神舒气畅。

我这样写金文就最好了。古字拙趣，正好压住花笺的脂粉气，且相得益彰。写时本来也须静谨，所以不必驰骤。

现在写古籀甲金的人已不少了，但主要是摘句出来，如日本少数字派；或集句写对联；临写，亦只集中在几件知名重器印成的字帖上。不常见的器铭、特殊的器型、新异的字体、奇怪的布局，如我这样缩模于笺纸上，却还少见，但其实是挺好玩的，某些甚至颇有画意。

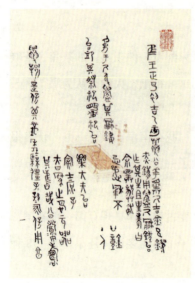

龚鹏程作品：吉金文录之二

龚鹏程作品：吉金文录之三

中国笺纸，像十竹斋笺、萝轩变古笺这类，差不多就是极致了，所以我也会用日韩笺纸来试试，开辟一些新体验。

日本造纸，当然学自中国，但很早就有了自己的面目。

第一，材料和技术有差异。早期和中国一样用楮，但自平安时代（8世纪）起就寻找楮树以外的新材料。例如日本特产的雁皮树，纤维细腻黏液多，对手抄纸技术要求就较高。后

龚鹏程作品：吉金文录之四

来又发现在造纸原料中加入黄蜀葵或糊空木等的汁液，可造出均匀且坚韧的特殊纸张，遂取名为"和纸"以别于中国。

第二，传承精良，品样繁多。日本纸行、纸店、纸博物馆遍布，故工艺既传承又精益求精，通常纸质强韧柔软，即使濡湿也不易破损，还被用于全世界的文物修复方面。

第三，日本纸有较高的国际声望。中国被选为世界级非物质文化遗产的纸张只有宣纸技术，日本则有岛根县石州半纸、岐阜县本美浓纸、埼玉县细川纸等等。我国的宣纸，只供写书法、画国画的人用，日本纸之使用度却更高。欧洲的艺术家常买和纸创作，如林布兰、毕加索、达利等。

第四，日本纸还有超出一般造纸法的技术。例如以日本京都文化为蕴涵的友禅纸，是棉纸而以传统手工丝网印制而成，不同于一般印刷纸，有独特手感，花纹也较有立体感，像织成的花锦缎。

虽然如此，由于风气和书法审美毕竟不同，用日本纸，特别是花笺时还是要费心斟酌，不是什么纸都好用的。友禅纸，我就觉得不适合写书法作品；其他用金用红太艳的也不好驾驭；许多笺纸还具有女性气质，怎么写，亦须细细思量。

下面这件，是我选用了十二种和纸，各写上一首李贺咏春天的诗，合称《和纸十二品长吉春诗》。

龚鹏程作品：《和纸十二品长吉春诗》册页

龚鹏程作品：《和纸十二品长吉春诗》册页

李贺诗，一般人只说他怪、碎、似楚辞、有鬼才，其实他的底子是齐梁乐府，艳异生馨。其间锦床肌玉、美人梳头，原即春意盎然，何况又是对春光的歌咏，读之真欲嫁与东风。用和纸来写，正好相衬。

写这样的笺，自然会想起唐朝校书薛涛制的笺。

关于薛涛，我曾有《吊薛涛井》一诗云："美人姿妙擅年华，更浣江城五色花。鱼网冰纹匀碧茧，笙歌永夜趁金琶。风流西蜀空闻道，沦谪上清岂有家？门巷于今簪古怨，英雄稽首思无邪。"

薛涛墓及所谓薛涛井，现今都在成都望江公园内。然皆非旧物，聊志美人之思而已。这位美人，与其他美人不同，不以淫、不以艳、不以德，独以擅作笺纸留名。

据元人《蜀笺谱》说："隋炀帝改广都曰双流。"成都机场现在即在双流，而双流纸，就是隋时得名的，可见造纸业在蜀地盛行甚早。

唐时，蜀中的纸业更盛，有著名的印坊过家、成都县龙池坊卞家、剑南成都府赏家等。其纸张，除了供应写字画画之外，还椠刊经卷，流通四方。

其纸，以大小黄白麻纸著称，与衢州藤纸、宣州青檀都不相同。当时朝廷文书通用白麻，军事用黄，致边族首领则用五色麻。玄宗时编《四库》，集书十二万五千余卷，亦皆以益州麻纸写之，足证川纸质美，米芾《十纸说》赞之，并非虚美。

工艺既盛，不免精益求精。玄宗时，已有人以野麻混土谷造五色斑纹纸。薛涛制笺，殆亦风气使然。

其笺狭小，便于抄诗。以浣花溪水制之，色皆深红，故李贺诗曰："浣花笺纸桃花色，好好题诗咏玉钩。"

笺自唐元和间即有名，以至宋代嘉州作胭脂笺亦名薛涛笺，想要依托美人名氏以利销行。

制笺之法，有人说是以木芙蓉皮为之，益以木芙蓉花汁，也有人说是用鸡冠花染之，我都认为是附会。薛涛之前，蜀自有笺，如杜甫诗就已说过"蜀笺染翰光"。薛涛之后，则大家乐于依托艳迹以广传，所以什么笺都说是薛涛制的。如此而已。

我那时正在四川大学担任讲席教授，讲舍即在江畔。课余辄往茗坐，江水徜徉，颇助我幽思。故有诗吊之，不胜慨喟。

写时，用的却不是笺，而是赵蕴玉画薛涛图的拓片。我喜欢它状美人而无烟视媚行之态，以为难得；且既已伤薛涛笺之不可得，若又用笺来写就无必要了，所以径题于这个拓片上。

看来花笺之题与不题，亦有可思忖处。

我国书法，早期写在简牍上，以竹木之黄为底色。后来写在绢帛上，沿袭这个传统，

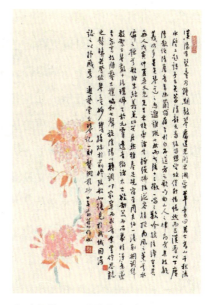

龚鹏程作品：通艺堂古琴记

仍以黄绢为主，所谓"黄卷青灯""黄绢幼妇"。用纸，初亦以黄或米黄，如道士上章拜表，就一直保持着用黄表纸的传统。

纸浆如果漂得细些，则可得到白纸。故早期除了黄之外，就多是白。唐人常用的黄白麻纸，最为典型。

宋朝以后，衢州藤纸、宣州青檀都以白著称。白纸黑字，在美学上又逐渐取得特殊地位，跟绘画从丹青变成水墨一样，黑白两色被认为足以替代一切颜色，所以后来书法基本上均是在白纸上写。

但就像画墨竹一样，也可能有人会觉得太单调了，于是又出现朱竹，或用朱砂去写朱书、用泥金去写金字等等。这是在用墨方面使其多样化。顺此思路发展下来，就可发展成"彩色书法"，不再只讲"墨分五色"，而要"色呈七彩"。我亲近的一位书法家史紫忱先生就主张如此，对以黑白为正宗的书法界发起了挑战。

另一种打破单色书法的思路，是从纸上做调整。如唐代就有的五色麻、斑纹纸、浣花笺。后世各种色纸和云纹、罗纹、砑花、洒金、洒银等等，花样繁多，更是层出不穷。即使仍然用墨，但纸是多彩的，自然也就七彩斑斓了。

花笺，属于后者，但它又扮演着一种中庸的角色。也彩也绘，但维持用墨写字为主体的地位；黑白玄素，一如阴阳，可是用上花笺，便成了二生三，天地又毕竟多了几分颜色。孟子见梁惠王，王曰："寡人有疾，寡人好色。"书法家大抵也都有点这个意思，故花笺之用终不可少。

才子考

有人以为"才子"一词最早见于《左传·文公十八年》"昔高阳氏有才子八人""高辛氏有才子八人"之说，此即"才子"一词之起源。

其实这里说的有才之子，是与不才之子相对的，并不是说此时已有一个"才子"的词汇。

先秦并无"才子"一词，社会上作为人格典范的乃是圣贤。圣贤具大才、能创作、兴人文，故汉代直接以文人为圣人。后来"才子"一词，在魏晋南北朝时期是指有文学才赋之人；到了唐代，更具体指诗人。

为什么这样呢？

才子之才，是在圣人创作中获得承认的。圣人创作文章，文章具有神圣性，所谓"文章者，不朽之盛事，经国之大业"。能如此者，才被尊称为才士、才子、才人。而文章中，诗又被认为最具神圣性。

钟嵘不就说过吗？"灵祇待之以致飨、幽微藉之以昭告，动天地、感鬼神，莫近于诗"。这就是诗的神圣性，可通天地鬼神。《文心雕龙》叙论文体也以《明诗》居首，可见文章以诗为贵，文才当然也就会以诗才为主要考量。诗人比其他文人更具有才子的资格，即由于此。

故日人遍照金刚《文镜秘府论·天卷·序》说："夫大仙利物，名教为基；君子济时，文章是本也。故能空中尘中，开本有之字；龟上龙上，演自然之文。至如观时变于三曜，察化成于九州，金玉笙簧，烂其文而抚黔首；郁乎焕乎，灿其章以驭苍生。然则一为名始，文则教源，以名教为宗则，文章为纪纲之要也。世间出世谁能遗此乎？故经说阿毗跋致菩萨，必须先解文章。孔宣有言，小子何莫学夫《诗》？《诗》可以兴，可以观，迩之事父，远之事君。人而不为《周南》《召南》，其犹正墙面而立也。"

从文章之神圣性讲起，归结到"不学诗无以言"，正可以显示言诗可以赅文之立场。他这本书亦只论诗。论诗也以才说，如《东卷·论对》："文词妍丽，良由对属之能……庸才凡调，而对而不求切哉。""但解如是对者，并是大才，笼罗天地，文章卓秀，才无壅滞。"《南卷·论文意》："汉魏有曹植、刘桢，皆气高出于天纵，不傍经史，卓然为文。""且文章关其本性，识高才劣者，理周而文窒。才多识微者，句佳而味少。"

从文章的神圣性、从人文化成讲起，而逐渐以诗为文之代表。论文，则由才性、天纵之才气说，批评庸才凡调。它所说的才士，既是泛指文人，如《南卷》所云云，然亦特指诗人。如《天卷·四声论》底下说："及肃宗御历，文雅大盛，学者如牛毛，成者如麟凤。孔子曰：'才难！不其然乎？'从此之后，才子比肩。声韵抑扬，文情婉丽。"这所谓才子，指的就只是诗人。

像《文镜秘府论》这样论诗才、论才子者，在唐代可谓屡见不鲜。唐末韦縠所编《才调集》，凡十卷，收诗1000首，自谓"采摭奥妙"，以成此编。凡入录者，大概就是他认为有才调的。又，《文镜秘府论》称诗人逢起为"才子比肩"，《河岳英灵集》卷下也以祖咏为"才子"，说他"气虽不高，调颇凌俗……亦可称才子也"。韦庄编选《又玄集》则称："总其记得者，才子一百五十人；诵得者，名诗三百首。"此皆以诗人为才子者。

在评论个别诗人时，《河岳英灵集》卷上说常建"高才而无贵仕"，说李颀"惜其伟才，只到黄绶"。《中兴间气集》卷上说李希仲"华胜于质，此所谓才力不足，务为清逸"，卷下说刘长卿"九首以上，语意稍同，于落句尤甚，思锐才窄也"。也都是以才性论诗之例。

综合这些现象看，可以说，由先秦到魏晋，是由才性论人的时代；东汉逐渐由圣人观生出才子观之后，则变成了以才性论文的时代，至唐而鼎盛。

在以才性论人时，人因才性之殊，而有"人流十二业"之别，人才各有优劣，可以横说其差异，不同行业，亦尚可各有其才。人才之最高境界，则是圣人。

在以才性论文的时代，文才就是人才，人才之表现，仅在文章一道中。文才之最高境界，则为新圣人：才子。才子或称为仙才，或称诗圣。或如曹植，因独占天下之才的十分之八，而被钟嵘喻为周孔，"嗟呼！陈思之于文章也，譬人伦之有周孔，鳞羽之有龙凤"（《诗品》卷上《曹植》），是指文学天才特出之士。故此时竖说，最高级是才子；横说，亦无流业之别、人性金木水火土之分，只从人在文类表现或风格差异上去说。

才子之中，则又因诗特具神圣性，而以诗人最常被称为才子。

在此同时，既然是以才论艺，则才艺之士也可称为才子，故"才子"之指涉显然就会逐渐扩大。

才子的指涉的扩大，其中最值得注意者，是用以指编剧人。

明朝沈宠绥《度曲须知序》说："才人一章脱手，乐部即登管弦，居然风雅独绝。"这"才人"一词，在此专指作戏曲的人。此种用法，宋元已然。冯沅君《古剧说汇·才人考》曾说："宋元时惯称编剧本的人为才人。才人本与才子同义，即是指人之有文才者。"当时在各个书会中编剧本、词话、赚词、谭词的，除了达官显宦称为名公外，通称为才人。这些才人，可能是低级官吏、商人，可能是医生，可能是遗民，但因他们都有编写之才华，故统称为才人。据钟嗣成《录鬼簿》所录，其述名公才人，略分为七类：

第一，前辈已死名公，有乐府行于世者；第二，方今名公；第三，前辈已死名公才人，有编传奇行于世者；第四，方今已亡名公才人，余相知者，为之作传，以《凌波曲》吊之；第五，已死才人不相知者；第六，方今才人相知者，记其姓名行实并所编；第七，方今才人闻名而不相知者。

实则名公少而才人多，今所存元人戏曲，大抵均为才人之作。而当时书会"养人才，编传奇，一时气候云集"，书会实亦为才人聚集之地。

才子的文采，本来只以诗词歌赋为表现重点。戏曲乃是新兴的文体，且其体较卑，邻于技艺，非文士所宜涉足；文士之才，也不表现于此。可是，才子既是才子，就必须预设他是才华洋溢的。才气既大，才情既高，才多者无所不能。博涉多优，乃是理所当然的。洋溢着的才华，当然也会溢而为戏曲。出其余力，不免涉笔。

张芬《昆曲大全序》云"虽才人玩世，偶托兴于稗词；际风雅衰时，亦足继于乐府"；徐鹏《钱酉山改本西厢记序》云"笺飞雪苑，宁无梁客之才；酒熟江楼，遂有秦川之作。……华灯绮席，狂言惊红粉之回；风雪旗亭，妙句入双鬟之口。斯盖天花在手，着处可以成春；竿木随身，逢场因之作戏者也"；叶凤毛《桃花吟序》云"窃观多文才艺之士，用之不尽，则溢为小说、词曲"……都表达了这种看法，认为才子之才华可以溢而为戏曲。

其次，文人才士，本其感性之生命，在现实世界上又未必顺遂，侘傺无聊，不免借他人酒杯，浇自己块垒。张毓庆题赵对澂《酬红记》杂剧词云：

> 遣愁无计，题尘壁，怕到江南魂断。缘种三生，才矜八斗，谱出新词一串。花飞絮乱。听宛转酸辛，宫移羽换。一霎香闺

可怜，一霎尘沙暗。　　寻常许多笔墨，将儿女闲情，低回唱叹。红替鹃啼，紫留玉莹，怎及江花璀璨？殷勤细看。悟薄命飘零，文人习惯酒。借金杯，浇愁重拍按。

　　文人才矜八斗，却叹薄命飘零，故酒边灯下，述儿女之闲情，谱词曲以寄慨。文士之涉笔于戏曲，且乐此不疲者，这正是一大因素。

　　文人之叹薄命飘零，是唐末以降之风气，所谓"文章憎命达""文能穷人""文穷而后工"。古无此说也。

　　原因在于魏晋南北朝文人多属贵游，从建安到陈后主君臣之为宫体诗，多是君主与其臣僚形成一个个的文学集团，文人非君王大臣即为世族子弟，寒士甚少。隋唐亦复如是。唐太宗至玄宗，均耽艺事，文坛巨子即是朝中臣工，如沈佺期、宋之问、上官仪、上官婉儿、李白等都是。盛唐以后，贵游文学之格局才逐渐打破，文人之才，与其仕途之通显与否，不但无关，甚且才华越高，越沦落不偶。著名文人，如杜甫、韩愈、李商隐、温庭筠等，仕途多不得意。

　　这种现象，造成了文人的向下流动。"沦落"一词，即生动地说明了文人阶层向下延伸发展的状况。文人本来是君主侍从之臣或贵游士大夫，中唐以后却日渐流落散居于民间。

　　但这种向下流动，并不造成文人阶层的下降，因为文人纵使再沦落不偶、再穷困，文人的身份并不因此而消失，文人的才华仍然倍受称羡。故文人向下流动，反而形成了文人阶层扩大的效果。不仅在社会各个阶层中都有文人，不只存在于上流社会；文人本身的阶层也向上向下"扩张领土"。文人流入社会底层，社会底层的人，如娼妓、戏子、贩夫、屠沽、货郎儿，都逐渐学为文人，吟诗作对起来了。出现向文人阶层类化的现象。

整体上看，文人阶层势力是扩充了，但这并无外于文人个别的悲哀。才人对自己的才是自负的，一如孔雀自矜其毛羽一般。秉此妙才，而不能飞黄腾达，日惟奔走于衣食，混迹于市井，其情复何以堪？叶承《桃花吟》杂剧序云："匏系一官，输杜陵之老大；菌雕廿载，同王勃之伶娉。命也如何，汤汤逝水；天胡不佑，黯黯秋云。尚忍言哉？谁能遣此？虽然，叹孤桐之摇落，天本忌才；抚文杏之芬菲，名原自我。"述此情景，足堪隅反。

文人之沦落，乃因此而被理解为"天妒英才"，或社会上的人士忌才。桂馥《投溷中》小引"有才人每为无才者忌。其忌之也，或诬之、或谮之、或挤排之、或欲陷而杀之。……此辈忌才人，若免神谴，成何世界？投之鬼窟，烈于溷中"，钱杜《后四声猿题词》"自古奇才遭鬼妒，何论市井斗筲儿？九幽真有泥犁狱，赴诉纷纷无尽时"，都是谈此事。此即老杜咏李白所谓"众人皆欲杀，吾意独怜才"。李白、李贺这些文人才子遭忌的故事，遂成为编剧人编写剧本的好材料。《后四声猿》讲的就是这类故事。

才女的坎坷身世，则是另一个常被才人们转述的故事。

王定柱序《后四声猿》就曾说徐文长："以不世才，侘傺不偶，作《四声猿》杂剧，寓哀声也。祢正平三挝，沉痛不待言，其《红莲》《木兰》及《女状元》，皆以猿名，何哉？"据他看，至少《木

才子考　137

兰》与《女状元》两出是为女子作。这些才女贤女，不幸的生平或特殊的遇合，甚能引发文人才子的身世之感，故写来往往入乎其中，俯仰悲慨。惠润《四蝉娟》题词云："闺阁女子，擅文武才，卒见庸于世，一若张大巾帼，以贬损世之为丈夫者，似亦过论也。假令闺阁女子果擅文武才如二氏耶，焉知不沦落辗轲、垢面蓬首、负抑郁困顿之累，以终其身耶？何则？造物所忌者才耳，遑问其为男子、为闺阁乎？"

在这种思考逻辑中，女子有才而沦落，当然就格外会引生文人的怅触。文人写佳人才媛之事迹，格外像两位沦落天涯者互诉悲怀，既叹彼人，又倾己怀。如王煌《酬红记》题词说"佳人小传才人笔，挑尽兰灯不忍看"；汪度题"艳色清才几合并，能传姓字死犹生。世间薄命知多少，岂独伤心杜宇声"；孙若霖题"才人坎坷，著甚闲情破睡魔？听说那红颜甘折挫，比才人一例儿蹉跎。箫管自吟哦，宫商费评度，看狂阮当场坐"。

"才女"之出现，本来就可视为才子指涉扩大的征象之一。古代才子一词，并无性别上的专指，女子也未必不显其才学。但古来无论是说女史彤管或妇言妇功，都未强调才。因汉魏南北朝之贵族世胄，妇女受教育，其实与男子一样，以经史为主。故班彪修《汉书》，班固班昭兄妹可以续成之。南北朝期间，经学之传，也多赖世家大族的妇女。诗词之类文才，并不被世族所重视。因此，纵不乏谢道韫这样的咏絮高才，却也无才女一词。

"才女"一词，起于宋元，大盛于明清。专指女子之有文采、能与才子吟诗作对者，故亦宜与才子为偶。《平山冷燕》十四回《看梅花默然投臭味》云：

> 女子眉目秀媚，固云美矣。若无才情发其精神，便不过是花耳、柳耳、莺耳、燕耳、珠耳、玉耳。纵为人宠爱，不过一时。……必也美而又有文人之才，则虽犹花柳，而花则名花，柳则异柳……而诗书之气、风雅之姿，固自在也。

这类才女，"言语有味，丰采不凡。偶一关情，不胜缱绻。于春之日、冬之夜，绿槐蝉静，白露鸿哀，触绪萦怀，率多惆怅。不免写心翰墨，托意咏歌"，才子见之，"我辈钟情，自为倾倒"（题天花才子编《快心编》上集第七回"诉衷情兰英传简，论佛法见性崇儒"）。

明清之际，出现的大量才子佳人小说，讲的大体就是此类才子才女遇合之故事。佳人，不是美人，而是才女。美人只指美貌，佳人则以才为主，故吴门拚饮潜夫《春柳莺序》云"情生于色，色因其才"。可见论佳人，才毕竟重于色，佳人事实上就是才女。

此类才女，并不仅存在于小说戏曲中。也就是说，她们不只是文人才子们的想象之物，而是明清社会上实际存在的诗人群。

女诗人王贞仪《德风亭初集》卷四《上徐静雍夫人书》便说："目前才智自负之妇人女子，不知凡几。"彭绍升也说当时"女子知书者，往往务藻绘夸饰为才"，以致他顺水推舟，勉女子"以书相证克俭勤，何妨识字能诗文？《国风》半属妇人作，传经读史章令闻，诗文阐理鄙雕琢"（《二林居集》卷廿四《四贞女传》）。

同样的，教诲女性的刘氏《女范捷录》，也在《才德篇》揭示"古者，后妃夫人以逮庶妾匹妇，莫不知诗"，以为勖勉。足证风气广被，才女孔多。仅袁枚"余力还收女才子"（张云璈题《随园十三女弟子湖楼请业图》），便收得二十多人，天下女才子、女诗人之多，又何可胜数！

因此，从才子含义的诗人化角度来说，才子的指涉好像缩小了，专指士人中的诗人。可是，由文人阶层不断扩大的现象看，文人才子的指涉又不断地扩张。戏子、娼妓逐渐文人化，才子一词就逐渐适用到他们头上，或者说他们之中就逐渐会出现才子才人。

才女的情况相同。早期女子吟咏诗词，多被疑为不贞，淫行与才思往往混为一谈，即因唐代以来，女子吟哦多见于妓院之故。宋元以后，女子读书渐渐趋于文学化，女人吟咏诗词越来越普遍，女人中也就逐渐出现了女才子。石成金《家训钞·靳河台庭训》曾说："女子通文识字，而能明大义者，固为贤德，然不可多得。其他便喜看曲本小说，挑动邪心，甚至舞文弄法，做出无耻丑事。"这虽是反对女人为学（尤其是学文学）的，但由其言论亦可知当时女人通文识字、读书为学，主要正是读文学作品，其中还有不少人能卖弄文翰。此类人，便是所谓的才女。

此类才女，高歌"人生德与才，兼备方为善。……不见三百篇，妇作传匪鲜"（夏伊兰《吟红阁诗钞》卷三《偶成》），"缅惟古贤媛，班左能文章，渊源溯风骚，贞淑久弥彰"（张淑莲《孙女辈学诗书示》，恽珠《闺秀正始集》卷十五），以吟诗作文为女人本分应为之事；旁人又推波助澜说"女子之中，若通些文艺，毕竟脱俗。就是不美，自有一种文雅可观"（陶贞怀《天雨花》第一回），才女当然也就越来越多了。

才女之多，当然表示了文人阶层正在逐步扩大，也表示明清社会对于才子的崇拜之情亦在扩增。女人思得才子为偶，男人思得才女为侣，并都努力锻炼自己，使自己成为才子。

虽然才子才女在现实世界可能际遇并不顺遂，社会报酬体系未必能提供这么多才人相应之报偿，仍不能阻挡这种期望成为才子亦渴慕才子的心情。反而是那些文人运塞的故事、文人才命相妨的例证，激发了他们自怜自重的情绪，让他们更紧密地结合在一起，激扬了他们的群体意识。相濡以沫，同类相感，互吊知己，物伤其类，而更坚定地走上文人才子之路。

武状元

我们看戏，戏中常会演谁谁谁是武举人、武状元。看传记，也会有谁谁谁在前清曾考中武举的记载。这武举人、武状元是怎么回事？

科举制度始于隋代，但仅考文章经术。考武艺，始于武则天时。《新唐书·选举制》："武举，盖其起于武后之时，长安二年，始置武举。"《资治通鉴》卷二〇七："则天后长安二年春正月乙酉，初设武举。"均可证。武则天不但姓武，与武艺还有这段渊源哩！《唐会要》录其敕曰："天下诸州，宜教武艺，每年准明经、进士贡举例送。"

自此以后，武艺就也有科举了，情况跟文事方面的进士科、明经科一样。

但武举之制，宋朝就已与唐朝不同，原因是宋代又设了武学。什么叫武学？我国的科举，本质上是政府的人事选拔制度。但人才要能成材，让政府有所选擢，须待教育，因此科举又与教育制度相衔接。政府在中央与地方各设学校以教士。隋唐皆如此。但武举是新增的项目，在唐代就还没有相与衔接的这种教育体系，须迟到宋代才建立。

武学成立于宋仁宗庆历三年（1043）。然只维持了一小段时间，宋神宗熙宁五年（1072）才又采王安石建议，设武学于武成王庙。武成王是殷纣王的元帅黄飞虎，纣王无道，乃从周武王征殷，后世供为武神，故以其庙为学宫。在此设武学，犹如设国学于文庙也。

这是中央官学的武学。地方武学则要到宋徽宗崇宁年间（1102—1106），地方诸州才设武学，但政和年间（1111—1118）又废。南宋高宗绍兴十六年（1146）再恢复。

武人亦须有学，这种武学的制度即显示了宋代对于武举人的要求已不同于唐代。

唐代武举考试，主要是两部分：一、骑射及兵器运用，包括骑射、马枪等；二是步射，负重、材貌、言语等，属于身体条件和基本文化素质。其中面貌长相和言语，大抵类似文科举礼部试时所谓"言、身、书、判"的"身"与"言"，并无具体内容，只是看考生是否能基本应对。宋代就不然，除考武艺外，还须考兵书策议，跟考文科没太大不同。

《续资治通鉴长编》载宋治平元年（1064）贾黯奏："请如明经之制，于《太公韬略》，孙、吴、司马诸兵法及经史言兵事者，设为问目。以能用己意或前人注解、辞明理畅，及因所问自陈方略可施行者为通。"事实上，宋代殿试时的武举策问，考的也大抵是这类兵学理论及典籍知识。

看这样的考试，我们就可知道：

第一，像电影中描写之武状元苏乞儿这样的叫花子，在唐代是考不上的。

第二，光会武艺的武夫，到宋代也考不上了。武举要举拔的，是在军事国防上能起作用的将领，因此除了对兵书理论娴熟之外，还要能自陈方略。允文允武，简直比文科还难，或至少不容易。

第三，因武举要考许多经典，所以才须进入武学去学习。

第四，在武艺方面，最重要的武艺是弓马，即射箭和马上的武器使用。与后来武术偏于手搏及短兵者迥异。相较于马上使用之器械，后来武术界视为长兵器的枪、棍，其实都已是短兵器了（如张飞的丈八蛇矛，约长三公尺半，现在武术界用的枪、棍一般长不逾二公尺）。

此等武举制度，在金朝也同时举行着，可是元朝没延续；明朝初年，文科举虽仍实施，武举却未开办。直到天顺八年（1464），才"令天下文武官举通晓兵法、谋勇出众者，各省抚、按、三司、直隶巡按御使考试"（《明史·选举制》）。不过，它不像文科那样稳定，有时考有时不考。弘治六年（1493）规定六年考一次，十七年（1504）又规定三年一试。

虽然如此，武举也还是不如文科，因为基本上只有乡试、会试两级，而没有殿试。没殿试，自然也就没有状元。有武状元是崇祯四年（1631）以后的事，《明会要》卷四十七："崇祯四年，武会试，时帝锐意重武，举子运百斤大刀者，只王来聘及徐彦琥二人。……武榜有状元，自来聘始也。"这时，距明亡已经只有十几年了。

那么，武举都考些什么呢？

正德年间（1506—1521）颁布了一份《武乡试条格》，载明三场考试，一、二场考射箭，第三场笔试。第一场试马上箭，以三十五步为准，第二场试步下箭，以八十步为准。第三场试策一通，"或问古兵法，或问时务"。看来十分简明，武艺唯取弓射一项，马上器械也省了。

如此考试，也很实际。因为古代作战，弓射本来就是最具杀伤力，也最难防备的，八十步以外，一箭射去，效果与现在用枪差不多。现在的士兵，最重要的武技，不就是练习射击打靶吗？刺刀术或徒手搏击之训练，均不如射击重要。毕竟战场上能用得上刺刀肉搏或徒手格斗的情况太少了。真用上时，恐怕胜负亦已差不多定啦！

但如此取士，途径似乎又太窄，因此武举制度还有些变通。《续文献通考》卷四十七："穆宗隆庆二年……武举仍遵照旧规外……自今年始，但有智通兵机，或力胜二百斤以上，或善射，或善枪，或善刀弩，或善火器等各项艺能之人，每年通以春季为期，不必拘定名数，许令自投到官。州县官取具里老甘结，严加考校。要见某人有何机智可以出奇、某人有何勇力足以任重，某人善射，果否巧力俱优。……选中，量授衣巾，充为武生，免其杂泛差役。候至开科年分……除精通论策者照旧随武举入场外，其余俱候武举场事毕日，御史公开考试，将智勇俱优者列为一等、精通一艺者定为二等，各照武举优待。"

这种办法，乃是对武举的调节或补充。因为武举考试，只以射箭为主，擅长射箭以外的才艺，可能根本无法晋身，故此法把善刀枪火器乃至有气力的都纳了进来。

其次，武举考试真正的关键，其实不在武艺而在文才。考试虽分三场，但"以策论定去取、以弓马定高下"（郑纪《东园文集》卷四《奏设武举以培养将才疏》），策论不好，弓马再精也无用。而一般武人，抢枪使棒不是问题，叫他拈起一管小小的毛笔来绣出锦缎文章，却往往要窘杀他也！上述办法，就是一种变通，让不精文墨的武人也有上进的机会。

此等人，先是经选拔充为武生；再是陪同武举考试，进行试后赛。考好了，便可获得比照武举的待遇。这好比文科举也有一种"视同进士出身"的制度，如左宗棠即是这种出身。国家用人之际，不拘一格降人才，既有文材武略，自不妨都视同一例。但"进士"与"同进士"毕竟还不是同一回事，比照武举优待者，地位自然也还低于武举。

而武举之地位则又低于文举。与文举相比，武举中式后，没有文举那般正规的观政进士制度、国子监历事制度、庶吉士制度等职前培训办法。而且武举乡试后并不授官；即使会试中第而授官了，大概也只能获授低级武官，品级不高，多数是到地方军队去当参谋一类闲职，与文科进士大不相同。因而民间对武举也不热衷、不艳羡。

武举人在明代文学中也很少出现，不过到清代就多了，是现代小说戏曲或电影电视之先声。

可是，在清人笔记中，武举人常扮演较负面的角色，看来并不太吃得开。如《萤窗异草·姜千里》说姜氏是闽之武孝廉，亦即武举人，本来在乡里颇为宵小所忌惮，但后被人设局陷害，群斗受伤，逃到一处草堂，逢一少女。少女看他受了伤，又问知为武举人，大笑曰："以武科而不克弭盗，其如搦管者何？"孝廉大惭。该女乃替他出面，摆平了盗贼。据后文之叙述看，女子乃剑仙之流。与剑仙相比，武举人的武艺当然就显得稀松平常了。

《凉棚夜话》载一事与之略同。谓武举人纪某，善技击，慷慨任侠，喜接四方宾客。门客中有一少年，看不出有什么本领。后来一客来访，"于衣底出剑二口，盘旋霍跃，初如雪滚花翻，闪倏不定，以后但觉白光周身，旋转如月"，直击少年。少年也出二剑相迎。原来两人竟是师兄弟，屡次较量。看了两人这种剑侠手段，武举人任侠之心自然也就冷了。

这是武举吃瘪故事的一种类型，另一种是武举遇盗。如宋永岳《亦复如是》"响马盗"条："昔有武举上京会试者，结伴五之人，各以膂力自矜，谓遇盗可必胜。"结果当然是很惨。《翼𬳵稗编》"女盗认年伯"条，也是如此。云湖州孝廉沈金彪，善骑射，精拳勇。入都会试时，逢一少年打劫，与之斗。少年不敌，走后找了妹妹来，把他的刀子与铁鞭都打折了。抢走行李后，发现两家有旧，才又把行李送回。

武举遇盗跟武举遇仙一样，都是在说人外有人、天外有天，武举不可自恃武勇，否则就不免吃亏。正面讲这个道理的是《虞初支志》的《书毛大相公》。本文说长沙武生杨先和武术精湛，但"与人交，恂恂若儒生，口不齿及拳勇。或求与角，非迫不已，不肯登场，故终其身无少挫"。把他写成一位正面的典范，要说的，无非是这类道理。

武生武举之技到底如何呢？俞蛟《梦庵杂著·颜鸣皋传》云："武场故事，先试马、步射及刀、石，为外场。艺、力出众者为双好，次则单好。单好入选而难于中式。不与双单之列者，并不得入内场。"内场是考策对的。先考外场，考中了再考内场。外场看艺与力，力主要表现为举石，艺就是弓马与刀术。弓马仍是最主要的。

小说中描写武举之艺，也常以弓为重点。如《客窗闲话》"难女"条说，"有武举能开十四石弓者，以拳霸一方，纵淫，无敢与较"，后逢一绳伎，才受到教训。《淞隐漫录》"女侠"条则说有一位武进士，因与营员不睦，罢官居家，其妹"生四五岁，即喜操弓矢、弄弹丸，于百步外悬物为的，每发必中"。这类故事，无论武人之角色为正面或负面，都显示了武举武进士之才艺主要表现在弓上，或射箭或弹丸。清代小说叙武术事，也以丸箭为最多，远多于手搏。可惜如今弓道仅存于日本，弹丸之技亦绝迹于中土。

武举或武进士、武状元有弓马刀石之勇，在官场上未必得意，未来的出路，大抵还是保镖，否则就如《淞隐漫录》所说那位武进士那样去隐居。保镖之例，须方岳《聊摄丛谈》所载窦小姑事最为典型。窦小姑之父是武举，开镖局为客商保镖，以红三角旗为记，三子一女皆传家业。武举考试中隽不易，而出路仅如此，实堪浩叹！

此武举之大略也，它跟我们现在的武术传统没啥关系，是显而易见的。

金钟罩

佛教本来是不吃素的。因是托钵乞食，人家给什么就只能吃什么，且佛陀认为禁欲苦行并不符合中道，因此至今南传、藏传、东传日本之佛教均不强调素食。唯有传进中国以后，才发生变化。

变化之机，一因皇帝提倡（如梁武帝下令断酒肉、唐代下令断屠），二因外道竞争。一些民间宗教，不杀不荤，比佛教还严格，佛教想跟它们抢信徒，遂只好努力朝斋素的方向走。不走也不行，因为这些宗教也都奉佛，它们都吃斋了，你佛教能不吃吗？

这些吃斋的宗教，在明清间可谓品类众多，族繁不及备载。如明武宗时期创立的罗教，雍正间传入浙江，名老官斋教。素食斋戒，相信弥勒转世，流行于福建漳州、泉州等处。地方官为了禁它，还曾上疏皇帝，要求严禁天下人阖家吃斋。台湾的移民大多来自漳、泉，许多斋堂即是斋教的底子，只不过因他们是拜佛的，一般人也就以为他们是佛教徒了。

老官斋教以外，吃斋的还有创于云南大理的大成教，又名大乘教；创于苏州一带的燃灯教，又名灯郎教；创于安徽的糌粑教，燃大蜡烛，用麻糬供佛，又名三乘会，入会称吃水，背叛叫放水；创于河北的弘阳教，讲丙午丁未有红羊之劫，又名三阳教，后分出青阳、红阳、白阳、混元、收元等教，或以茶叶供佛；以及在华北一带流传的八卦教等等，多不胜数。

它们的仪式十分近似，大抵就是吃斋、诵经、作会，教义也往往相通。像八卦教，看起来应是道门，可是不开斋，不食大五荤，忌吃生葱生蒜，以戒杀、戒盗、戒淫、戒毁、戒欺为五戒。拜无生老母，且把孔子说成是弥勒转世。均与罗教相近。

黄天道亦是如此。其教法本是修内丹以求长生的，但一样奉无生老母，讲燃灯古佛、释迦佛、弥勒佛那一套。教会即斋堂，由斋公斋娘主持。

即使是狐仙传法的闻香教，后来也发展成为清茶门教，吃斋念佛，不食葱蒜。入教者要在眼耳口鼻等处用筷子点了，再将筷子插进瓶内供奉，作为死后到阴司去吃斋的凭证。

此中最重要的，乃是前文提及的罗教。许多民间宗教均与罗教有千丝万缕的关系，包括现在台湾的一贯道、慈惠堂等。该教乃三教合一式的佛教，强调佛旨禅味，重视《金刚经》《圆觉经》《心经》，反对净土宗。说人要回归真空家乡，而非超度到西方极乐世界去。

这个教，在明清间发展迅速，影响深远，有个关键的原因：它把漕运水手都牵引入了教。

所谓漕运，是指对京城的粮钱供给。因唐代以后北方贫困，故京师补给，均须仰赖于南方。主要是靠大运河。漕运水手，多为穷人苦力，收入既微，又受各地官吏之剥削督责，偶或病残，生计更成问题；水上生涯，又不免有许多危险。故精神既需慰藉，生活也需要保障。罗教便在此产生了功能。在沿河漕运所在地建了许多庵堂，水手们可以在那里祭拜、诵经、打坐，也可以住宿，甚或老病时安养，具有互助会的作用，庵堂还提供医药与盘缠。因此很类似水手同业公会的性质，漕运水手也很自然地就变成一种以罗教信仰绾合而成的行帮。船上都供着罗祖像，定期礼拜，做道场念经，众人摊钱。行帮内部也有严格的契约关系，教首对教众则有帮规处罚之权。

　　这个罗教水手帮，后来逐渐发展成了青帮，与洪门并称中国两大帮会。可是洪门之势力其实主要在闽广及海外，只一小部分在长江流域。青帮则是兼跨长江、黄河、大运河的大帮，其势甚或更在洪门之上。

　　青帮鼎盛，故事甚多。特别是道咸以后，政府改革漕运，改东南河运为海运，水手数十万被资遣，导致青帮向旱码头发展，其势更盛。

　　这个势，有时会被视为恶势力。因为饥民游惰与失业水手所形成的团体，文化水准不高，自不免萃聚亡命，蔑法殃民。

　　但对于这些社会底层的苦命江湖人来说，帮规和宗教何尝没有约束和慰藉之功能？当时官府的奏折曾说："粮船上素来供奉罗祖，护庇风涛。其奉罗组之船名为老堂船。设有木棍一条，名为神棍，奉人名为老官。不许人酗酒滋事，违者，老官取木棍责处，不服者送官责逐。"显然对于水手心理及风纪均有安定整饬之作用，清政府常将它视为稳定社会之力量，说它是"安清帮"，便着眼于此。

可是帮会也是讲勇力的地方。水手们血气方刚，不免好勇斗狠，帮内奇人异士，又多挟有秘技，因此帮中武风甚炽，整个青帮，几乎成了个武术团体。

这是各教会的通例，不只罗教如此。像上文说过的八卦教，便以运气练功、演习拳棒著称。其中一个分支叫离卦教，教徒见面时暗号就是把食指中指并放着，压在无名指上，名曰剑诀。另一支，叫一炷香离卦教，创教者名董计升，字四海。还有一支，名金丹八卦教，传者为董太。

这些，我颇疑心与八卦拳的传承有关，因现在拳术中的八卦掌，据说即创自清代的董海川。董海川生平事迹不尽可考，只知他的拳曾受道门之启发，到底是哪个道门却说不清楚。恐怕这其中就很有些跟教会的关系在。

嘉庆十三年（1808）七月戊寅上谕："近日多有无赖棍徒，拽刀聚众，设立顺刀会、虎尾鞭、义和拳、八卦教等名目，横行乡曲。"把八卦教跟顺刀会、虎尾鞭合在一起讲，即是因为他们都是修道、练气、教拳的团体。1899 年，美国驻山东庞庄传教部的博特（H.D.Porter）致函该部秘书，说这些会社"颇似德国之体操家"，也是这个缘故。

出身于八卦教兑卦的清水教王伦，据李世瑜《义和团源流试探》一文考证，精于梅花拳，为梅花拳第三代传人。教内分文弟子、武弟子，文弟子练气，武弟子练拳。其义女乌三娘，俞蛟《梦庵杂著·临清寇略》记载她"有臂力，工技击"，即为其中一例。

其他此类例子，不可胜数。如理教，又称白帮，创教者为康熙间的山东人杨来如，以十诫授徒，其中就有尚武、任侠两诫。乾隆间捕获之白莲教徒"朱培卿能知铁布衫法术"，又，天理教之林清党徒藏有金钟罩拳符咒，而金钟罩教后来则衍为大刀会。

金钟罩、铁布衫，现在人只知其为武术而颇有神秘色彩者，却不知它们跟许多武术竟还有这么些曲折的身世史吧！

从火里点出清凉的香

诗家比兴，多用草木鸟兽虫鱼。故孔子说读诗可以帮助人多识草木鸟兽虫鱼之名。但是，为何他老先生只说草木，不说花呢？

花当然也属于草木之一部分，然而后世论及草木，恐怕更多想到的是花。口语上说花花草草，花都在草之前。古代却不然，所以明谢肇淛《五杂俎》说："古人于花卉似不着意，诗人所咏者不过芣苢、卷耳、蘋蘩之属，其于桃李、棠棣、芍药、菡萏间一及之。至如梅、桂，则但取以为调和滋味之具，初不及其清香也。"

是的！《诗经》所咏，如荇菜、茆、蘋、藻、唐、萧、蓝、绿、芣苢、卷耳、薇、蕨、荇、菲、莫、桑、蒹葭、杷、芹、椒等，均就其枝干叶果说，甚少谈到花。仅有的，不过"桃之夭夭，灼灼其华"而已。梅、李、木瓜，讲的还都是它的果实。即使是"赠之以芍药"（《郑风·溱洧》）的芍药，也非类似牡丹那种，而是名为辛夷的药用植物。与《楚辞》说要"餐秋菊之落英"相似，重在它的食用价值，而非审美情趣。

《楚辞》无疑比《诗经》有更多的赏花态度。如《九歌》云："瑶席兮玉瑱，盍将把兮琼芳。"（《东皇太一》）"采芳洲兮杜若，将以遗兮下女。"（《湘君》）"折疏麻兮瑶华，将以遗兮离居。"（《大司命》）"折芳馨兮遗所思。"（《山鬼》）都是折花采花赠人的，乃汉代《古诗十九首》中"涉江采芙蓉，兰泽多芳草。采之欲遗谁？所思在远道"之先声，对后世影响深远。

但若细看，你就会发现《天问》《九章》《远游》《离骚》诸篇和《九歌》并不一样，虽或也谈及草木，却极少甚至根本没谈到花，采花赠人之事亦未发生。

如《九章》里就只有《橘颂》谈及花，而无专门赏花的篇章。其他如《惜诵》说："捣木兰以矫蕙兮，繫申椒以为粮。播江离与滋菊兮，愿春日以为糗芳。"指的还是吃草木。《涉江》说："露申辛夷，死林薄兮。"《思美人》说："擥大薄之芳茝兮，搴长洲之宿莽。惜吾不及古之人兮，吾谁与玩此芳草？解萹薄与杂菜兮，备以为交佩；佩缤纷以缭转兮，遂萎绝而离异……今薜荔以为理兮，惮举趾而缘木。因芙蓉以为媒兮，惮褰裳而濡足。"《悲回风》说："折若木以蔽光兮，随飘风之所仍……藐蔓檇而节离兮，芳以歇而不比。"讲的全是香草，仅一处讲"涉江采芙蓉"，也还是因"惮褰裳而濡足"而没采成。

《天问》《远游》《卜居》《渔父》则未涉及草木，遑论花卉。言草木最多的是《离骚》，长吁短叹，翻来覆去，美人香草，连篇累牍，是从前没见过的。但它主要是讲香草而非鲜花。香草可用来佩戴或食用。说到花的，只有一处，是说要趁花还没落下，赶紧采来送给女郎。不过跟《思美人》一样，终究没有送成。整个论述中，显然尚无赏花、戴花、插花之举。

所以相较之下，《九歌》实在甚为特殊，与其他篇都不一样。《九歌》的来历，本来就有许多推测，一般认为它未必出于所谓屈原之手，可能是秦汉求仙博士所为。总之，从花草意识上判断，似乎它也确实有近于汉人而远于战国之迹象。

依考古材料看，目前所知最早的簪花形象，也仅止于西汉。洛阳八里台出土两汉彩绘人物砖，上面有簪花三女；成都羊子山西汉墓出土女陶俑，发髻上也插着一朵菊花，边上还有好几朵小花。东汉这类东西就更多了，甚至有戴花环的。东汉崔寔《四民月令》说："京师立秋，满街卖楸叶，妇女儿童皆剪成花样戴之，形制不一。"确乎不假。到晋朝，嵇含写《南方草木状》就说："凡草木之华者，春华者冬秀，夏华者春秀，秋华者夏秀，冬华者秋秀。其华竟岁，故妇女之首，四时未尝无花也。"四季簪花，至此久成风俗矣！

也就是说：早期人们对草木，其意识是混而未分的。对草木的花、枝、叶、果、草，一体重视，并不特别重视花的观赏价值。因此，与后世相较，先人对草木反而显得有更多的关注；对食用、药用之价值乃至气味，也与后世特重眼睛审美者不同。

重视花，始于汉代，其后又不断地受到强化。因为开始以簪花饰花为美，风气起于汉，而开始以花供神，则是受佛教的影响。

中国的祭祀都要有牺牲，因为"祭"字本身就是一双手持肉奉神之形，以肉祭神之后，与祭者大家分食祭肉方能成礼。平民不能祭，只能荐。春荐韭、夏荐麦、秋荐黍、冬荐稻，搭配韭的是蛋，麦用鱼，黍用豚，稻以雁，没有人用花做供品的。

　　可是佛教却以花为最重要之供品，《妙法莲花经·法师品》说："花香、璎珞、末香、涂香、烧香、缯盖、幢幡、衣服、伎乐，合掌恭敬。"十种供品中，花巍然居首，何以故？《佛说业报差别经》解释道："若有众生奉施香花，得十种功德。何等为十？一者处世净妙如花；二者身无臭秽；三者福香戒香遍诸方所；四者随所生处，鼻根不坏；五者超胜世间，为众归仰；六者身常清净香洁；七者爱乐正法，受持读诵；八者具大福报；九者命终生天；十者速证涅槃。是各奉施香花，得十种功德。"

　　以花供佛，仅是佛教对于花的重视与使用之一端，其他还有"天女散花""拈花微笑""一花一世界"等各种说法及故事。佛法本身也被形容为花。故善于说法的，会被形容为舌灿莲花；佛法深妙之经典，会被命名为《妙法莲花经》。凡此等等，自然大大推动了汉魏南北朝期间社会上对花的喜好，花也由整个草木之思中突显出来，获得了更多的关注。

　　对花草之食用药用功能之重视，则由汉代开始，逐渐归入"本草学"中，为医学之中坚。诗人虽然仍然读《诗经》《楚辞》，但对那里面种类繁多的草与木，渐渐就已不能辨知了。注疏家若要考证，除了由训诂书及字书中去爬梳之外，主要即须取资于这些本草书，如《神农本草经》《本草纲目》等等。

日本茅原定《诗经名物集成》凡例明言："名物正辩，必归诸本草之书。自炎皇及汉梁唐宋，下迨明末，纂述群氏旧矣。第其中《纲目》为精备。"即指此言。茅原定自己的书就参考了《证类本草》及各种医学资料。

而诗家取象或赋咏草木却越来越简略，多仅是泛说概说。如宋谢翱曾作《楚辞芳草谱》，可是唐宋诗词中说芳草，大抵就只是"记得绿罗裙，处处怜芳草"（牛希济《生查子》）、"波渺渺，柳依依，孤村芳草远"（寇准《江南春》）、"萋萋芳草忆王孙，柳外楼高空断魂"（李重元《忆王孙》）、"芳草长堤，隐隐笙歌处处随"（欧阳修《采桑子》）之类。芳草没有"芳"意，所取只在其春草碧色而已，淡化了它的香气。而草，除了一个描述字"芳"以外，到底是什么草，词人亦皆不细究微观，仅是"平芜一望"或长堤远眺，看见了一堆绿草罢了。

这跟《诗经》《楚辞》不是差别太大了吗？《诗经》写到的荇菜、葛、卷耳、蕳、茆苢、蒌、蘩、菂、苓、茨、唐、蘦、葵、苇、薙、萧、游龙、茹、蕅、荬、菼、苦、荞、纴、菅、鹝、苌楚、稂、蓍、蒌、壶、重、穋、苴、果臝、台、蒿、莱、莪、芑、蓬、蕫、莞、蔚、绿、蓝、荏菽、柜杶等草，后世不是根本搞不清楚到底是啥，就是放弃了不写。某些草，如游龙、蘦、鹝，你可能还以为是动物呢！

香的问题也很有趣。《诗经》《楚辞》讲到草，一是细究微观，故种类多；二是可食可佩可用，较有实用性；三是食用和佩用之原因，部分是由于那些草有芳香之气。但后世谈到草，除了兰蕙等少数外，大抵已把芳草之"芳"虚化，芳草犹云好草。如人失恋了，别人就会安慰他说"天涯何处无芳草"。

这是什么缘故？我认为这是因香草之香已分化独立，在草之外另成大邦。让我引一段资料来说明：宋陈敬《陈氏香谱》中熊朋来序说："诗书言香，不过黍稷萧脂，故香之字从黍作甘。古者从黍稷之外，可焫者萧、可佩者兰、可鬯者郁，名为香草无几，此时谱可无作。《楚辞》所录，名物渐多，犹未取于遐裔也。"讲明了古代香草的种类和后代比起来显得少，为什么？因未能广取于"遐裔"之故。遐裔就是远方。秦汉以降，中国人用香，基本上都用距离中原遥远的海南、东南亚，甚至印度、波斯、安息的香料。因此熊朋来颇惜《诗经》《楚辞》所言香草太过简略，不及后世繁奢。

陈敬自己讲得更清楚："《香品举要》云：'香最多品类出交、广、崖州及海南诸国。'然秦汉以前未闻，唯称兰蕙椒桂而已。至汉武奢广，尚书郎奏事者始有含鸡舌香，其他皆未闻。迨晋武时，外国贡异香始此。及隋，除夜火山烧沉香、甲煎不计数，海南诸品毕至矣。唐明皇君臣多有沉、檀、脑、麝为亭阁，何多也！后周显德间，昆明国又献蔷薇水矣。昔所未有，今皆有焉。"（《陈氏香谱》卷一）

中国古代的香料，只是兰、蕙、花椒、桂、芷、艾蒿、薄荷、蒜、姜、韭、薤等，与食用、医用混。汉代以后由南海乃至波斯传来的香料，却只做香用，不做食用医用，属于舶来奢侈品。香气比早期那些香草更浓更烈，技术也由天然而渐"假人力而煎和成"。像甲煎，李商隐《隋宫守岁》中"沉香甲煎为庭燎，玉液琼苏作寿杯"，就是"以诸药及美果花烧灰和腊制成"（陈元龙《格致镜原》引陈藏器语）的。至于蔷薇水，则是用蒸馏法提炼出来的香水，所以洒在人的衣袂上可以经十数日不歇。

此种用香之法，起于汉代，也可说是另开了一个传统，故与《诗经》《楚辞》颇不相同。古之香草，其馨香之属性已渐不重要，无怪乎尔后谈草者罕言其香，凡说熏香、煎香、烧香、盘香、炉香、捣香、分香，均与草无甚关系啦。

古琴因何由歌舞地转入寂寞乡？

目前古琴主要是"诗言志"的，操缦者用以抒自己的情、言自己的志；而且这种志，还是离群遗世的，属于幽人之情怀。这种形态，大约自宋明以来已然。如今谈古琴文化者，无不就此立论。

然而，古琴在先秦两汉魏晋隋唐就是如此吗？或只是如此吗？在雅乐体系中，琴就很少孤立独奏，多用于礼仪场合，且多与其他乐器配合。可见它和诗类似，既要讲"诗言志"，还要讲"诗可以观、可以群"，群与己不可偏废。现在谈古琴者，皆患偏枯。

一、遗世独立的琴

琴，在现代，提倡者无不强调它的幽人性格——遗世独立、高冷孤绝。这种性格，论者或与君子之德结合起来说，或说仙家高士，或比附枯禅。演奏时则以独奏为之。

这可说已成为我们这个时代对古琴的基本认识甚或是唯一认识，也是我们现代的古琴传统。

以《琴曲集成》等大型古琴谱集来看。其中，理性元雅、诚一堂、德音堂这些琴谱名，显示了儒家宗旨；步虚仙琴、太古遗音、大音希声、松风阁之类，则有仙趣；三教同声这样的名称，更表明了它还常有佛教气味。而佛教的琴曲琴谱，如《枯木禅琴谱》中的《独鹤与飞》《云水吟》《那罗法曲》《枯木吟》《莲社引》之类，大家也是熟悉的。

这是从琴谱名称及内容上就可以明白的。理论方面，近来大家最喜欢援引的是明代徐上瀛《溪山琴况》，以二十四况论琴，曰：和、静、清、远、古、恬、淡、逸、雅、丽、亮、采、洁、润、圆、坚、宏、细、溜、健、轻、重、迟、速。许多人把这二十四况当成琴的通则去阐释，大谈特谈。

殊不知它强调"地不僻则不清，琴不实则不清，弦不洁则不清，心不静则不清，气不肃则不清：皆清之至要也，而指上之清尤为最"，要让人从琴音中感到"澄然秋潭，皎然寒月，湝然山涛，幽然谷应，始知弦上有此一种清况，真令人心骨俱冷，体气欲仙矣"。讲的其实是仙家之琴，因为它原本就收录在《大还阁琴谱》中。大还者，还丹也。

因是仙家论艺，故曰："琴之为器，焚香静对，不入歌舞场中；琴之为音，孤高岑寂，不杂丝竹伴内。清泉白石，皓月疏风，翛翛自得，使听之者游思缥缈，娱乐之心不知何去，斯之谓淡。舍艳而相遇于淡者，世之高人韵士也。而淡固未易言也，祛邪而存正，黜俗而归雅，舍媚而还淳，不着意于淡而淡之妙自臻……吾调之以淡，合乎古人，不必谐于众也。每山居深静，林木扶苏，清风入弦，绝去炎嚣，虚徐其韵，所出皆至音，所得皆真趣，此为"淡况"。又说琴的古，可使"一室之中，宛在深山邃谷，老木寒泉，风声籁籁，令人有遗世独立之思"。

　　由此等言论及文献看，即可知我们现代继承的，其实是一种深受仙家与佛徒气味濡染的琴学。在此中，虽然也讲儒家琴德，但雅人深致，亦自以离俗为高，不觉与释道相近矣！

二、合群奏乐的琴

　　但琴在古代真的即是如此吗？恐怕大有不然。

　　（一）

　　首先从史料文献上看：

　　《乐府诗集》卷四十一引王僧虔《大明三年宴乐伎录》及张永《元嘉正声伎录》云："楚调曲……其器有笙、笛弄、节、琴、筝、琵琶、瑟七种。""未歌之前，有一部弦，又在弄后，又有但曲七曲：《广陵散》《黄老弹飞引》《大胡笳鸣》《小胡笳鸣》《鹍鸡游弦》《流楚》《窈窕》，并琴、筝、笙、筑之曲，王录所无也。"可见相和歌辞楚调曲之乐队共有七种乐器，其中即有琴。

　　而稍后庾信《有喜致醉》诗又云"杂曲随琴用"，显示了琴在当时并不像后世那样只能用特定指法、独奏形式来表现特定曲目，乃是可以随时灵活运用以弹奏新曲杂曲的。

《隋书·音乐志》记载琴就是清乐诸器之一，是与其他诸器合奏的。这些乐器包括钟、磬、瑟、击琴、琵琶、箜篌、筑、筝、节鼓、笙、笛、箫、篪、埙等。

《通典·音乐》则谓清乐有钟、磬、琴、一弦琴、瑟、秦琵琶、卧箜篌、筑、筝、节鼓、笛、笙、箫、篪、叶。新旧《唐书》所载大抵亦如此。唐代琴另有一弦、三弦者，还有击琴，故单独称琴者，即今之所谓古琴也。

可见隋唐时期，琴在清商乐中是与管弦及敲击乐各器合奏的。与现今乐队中不用琴，琴只独奏之情况迥异。

琴仅用于清商乐，是因西凉乐和龟兹乐都不用琴，其弦乐以搊筝、弹筝、箜篌、琵琶为之。可能也用阮，因为敦煌莫高窟第148窟、第220窟所绘图像，看起来都是龟兹乐且弦器均有阮。

（二）

琴在敦煌莫高窟壁画中常见，据牛龙菲《敦煌莫高窟壁画乐器资料分期统计表》估算，古琴图像甚至多达61个。这其中当然不少仍有疑义，有42个弦乐器，郑炜明、陈德好《敦煌莫高窟壁画中的古琴图像研究》已排除了，认为不是琴。但琴参与伎乐合奏是无疑的。

如第172窟南壁观无量寿经变之菩萨伎乐即是。

第420窟主室窟顶西坡、第329窟窟顶南坡之飞天伎乐弹古琴，

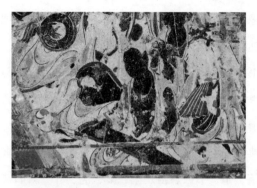

敦煌第 172 窟（局部）

长沙马王堆一号墓出土木质琴器俑（局部）

也是作为整体伎乐之一部分。

第 423 窟西坡一菩萨站立抚琴，与第 322 窟窟顶南坡飞天伎乐一样，亦为整体伎乐之一部分。

相似者尚有敦煌榆林窟第 3 窟南壁菩萨伎乐。此图通称为巾舞独舞及乐队图，可见奏琴属于乐队之一部分，研究者并无疑义。

另莫高窟第 154 窟及第 85 窟《报恩经变·恶友品》中一般称为"善友太子弹琴图"的，是否确是琴尚有疑问，则可姑且不论。

（三）

　　琴与其他乐器合奏，在俑和画像石上也可看得很清楚。如湖南长沙马王堆一号墓出土木质琴器俑，虽然一个个俑是独立的踞坐抚琴状，可是背后还有吹笙俑与之配合。

　　成都昭觉寺宴乐画像砖则为上方踞坐四人奏乐、宴饮，下方鼓舞。其中左上方有一人双手抚琴。

　　四川彭山江口汉代崖墓西王母神兽奏乐画像砖，也是上部为西王母图，下部为神兽奏乐图，其中熊形神兽踞坐抚琴。

　　河南新野伎乐画像砖则是笙和琴合奏的。三人并列踞坐，左者吹笙；中者双手置胸作拍击状，似讴歌者；右一人膝上置琴，双手抚奏，六弦。

成都昭觉寺宴乐画像砖（局部）

四川彭山江口汉代崖墓西王母
神兽奏乐画像砖（局部）

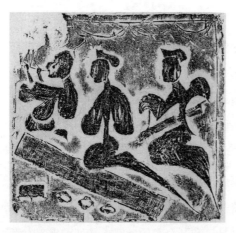

河南新野伎乐画像砖（局部）

甘肃酒泉果园西汉墓伎乐画像砖更特别，乃是两人跽坐，左侧弹筝篌，右侧抚琴，琴置膝上。

又，河南新野樊集竖砖乐舞画像砖，上半为弋射图，下半为乐舞，共七人，右侧两舞伎，左侧三舞伎。左侧中者跽坐，琴置膝上，双手按弦。

甘肃酒泉西沟村魏晋七号墓伎乐画像砖，二人，一弹琴，一弹三弦。

（四）

以上这些文献及实物资料，都显示了：汉魏南北朝隋唐期间，琴并不是孤芳自赏、

河南新野樊集竖砖乐舞画像砖（局部）

甘肃嘉峪关新城一号墓宴乐画像砖(局部) 四川大邑县董场镇六博乐舞
画像砖（局部）

自弹自唱、自娱自乐的乐器，或不仅仅是。在大多数场合，仍参与
着乐队的合奏。就算独奏，也未必皆如王维诗所说是"独坐幽篁里，
弹琴复长啸。深林人不知，明月来相照"，乃是可惊四筵而未必仅
适独坐的。

如甘肃嘉峪关新城一号墓宴乐画像砖，虽是一人弹琴，但对面
三人显然正在酒席上，可见乃是召琴师鼓奏以侑酒之性质。此在后
世，或将以为有辱琴之清品，在当时却是常事。

四川大邑县董场镇六博乐舞画像砖，画的也是宴饮场面，歌舞
博戏，而有鼓琴于其中者。

陈中龙《从出土资料看古琴在汉代社会生活中的角色》一文，
对此讨论更为详细，与本文此处所论可以互参。该文另指出：汉画
像砖石中琴都是配合乐团的方式演出的，没有独奏的情况。而善鼓
琴者有皇帝皇后、诸侯王、学者士人（如司马相如、刘向、桓谭、
梁鸿、马融、蔡邕等），分布极为广泛，且以男性为主。再者，鼓

琴鼓瑟须与季节配合。外邦也曾遣人入汉学琴。

三、诗礼用乐的琴

而这种情形，我以为乃是沿袭于古代的，非秦汉以后礼崩乐坏使然。

（一）

以《诗》考之，先秦《大射》《宾射》《燕射》，都是先金奏《王夏》《肆夏》；升歌《鹿鸣》《四牡》《皇皇者华》；再管奏《新宫》，金奏及石奏《驺虞》《狸首》《采蘋》《采蘩》；接着弓矢舞；再合奏《陔夏》，笙奏《南陔》《白华》《华黍》，间歌《鱼丽》《由庚》《南有嘉鱼》《崇丘》《南山有台》《由仪》；最后合奏《关雎》《葛覃》《卷耳》《鹊巢》《采蘩》《采蘋》。前面金奏、笙奏、石奏，或用鼓，乃是管乐与打击乐，后面的合奏则弦管俱作。琴为弦乐之首，例不能无之。

又，先秦奏《诗》，无独用弦者，其情况亦可与此同观。大祭、大飨、燕礼、视学养老、乡饮酒礼等俱皆相似。

这是就行礼时用《诗》之仪说的。

（二）

若就《诗》本身来看，《周南·关雎》已说"琴瑟友之，钟鼓乐之"，用于房中乐、乡乐，则合乐时必是琴瑟钟鼓并作的。

《定之方中》讲："椅桐梓漆，爰伐琴瑟"；

《女曰鸡鸣》说："琴瑟在御，莫不静好"；

《鹿鸣》说："我有嘉宾，鼓瑟鼓琴"；

《棠棣》说："妻子好合，如鼓瑟琴"；

《鼓钟》说："鼓钟钦钦，鼓瑟鼓琴"；

《甫田》说："琴瑟击鼓，以御田祖，以祈甘雨"；

《小雅·鹿鸣》："我有嘉宾，鼓瑟吹笙。"

这些诗，都是描述琴与瑟乃至钟鼓合奏的，如《车辖》"四牡騑騑，六辔如琴"，和《车辖》"既见君子，并坐鼓瑟"，单独讲琴的，只有《车辖》，还只是形容六辔。

倒是瑟还有一处讲它单用的，即《山有枢》："子有酒食，何不日鼓瑟？"

可见琴瑟虽可单奏，但恐仍以合奏为常，特别是聚会场合。鼓瑟，据《仪礼》，乡饮酒及燕礼用二瑟，大射用四瑟。鼓琴时会不会也如此呢？应该也是的。浙江绍兴坡塘狮子山 306 号墓出土的春秋战国之际的伎乐铜屋，或许就表现了二琴并奏的情况。

（三）

自朱子《仪礼经传通解》以来，所传诗谱，如朱载堉《风雅十二诗谱》、张蔚然《三百篇声谱》、陈澧《风雅十二诗谱考》《律音汇考》等，虽皆只把一首诗作为一个整体看，但一字一音，标识其声。

但依乾隆《钦定诗经乐谱全书》卷一及卷十五所载演奏谱可知，奏诗时正是诸器并作的。钟磬琴瑟音皆不同，所以才能相和相发，我以为这符合演出之实际。而琴在具体演出时如何与诸器相配合，也由此可以一目了然。

（四）

也就是说，琴，自来在琴人自娱适性之外，还有合众演出的传统。考之于文献、征于图像石刻，灼然无疑。孔子曾说诗可以兴、可以观、可以群、可以怨，前三者，尤其是群，恐怕现在我们说的这种遗世独立、自适娱情之琴就不太能做到，只能见诸周秦汉魏南北朝以降那种合众演出之琴。

四、取途方外的琴

既如此，接着我们就该追问：为什么古之琴可以群可以怨，后世却哀怨独盛而合众之道罕闻？

消息之机，或可以由嵇康《琴赋》见之。嵇康此文一开头，就批评一般才士鼓琴："称其才干，则以危苦为上；赋其声音，则以悲哀为主；美其感化，则以垂涕为贵。丽则丽矣，然未尽其理也。推其所由，似元不解音声，览其旨趣，亦未达礼乐之情也。"

琴是乐器，却也是礼器，其音以中和为贵，本应乐而不淫、哀而不伤、怨而不怒，可是琴人演奏，为了动人，越来越追求声音和情感的表现，故出现嵇康所批评的"哀怨"现象。

哀，一指声音高越，所谓"哀音激楚"，凡夸称绕梁三日、声动屋尘者，俱易动俗耳之观听；二指情感之激动，能催人泪下。嵇康反对如此，认为这样的哀音并非中和之道，琴应该是纾解哀怨的。

他另作《声无哀乐论》，其实也针对这一问题。说这些哀音感怆者，实仅为一种技巧。演奏者本人并无真实的情感哀乐，声音本身也无所谓哀乐，仅是用一种技术在催动着听者的感情罢了。

由嵇康的批评可知：琴之趋于哀怨，在魏晋久已成风，其原因乃是琴家追求技术表现以动流俗。

嵇康反对此风。但其反对之法，似乎反而助长了这种趋势。为什么？因嵇康论琴，首先就将之定义为"可以导养神气，宣和情志。处穷独而不闷者，莫近于音声也"。把琴作为处穷独之时宣导情志之器，其道虽可纾解哀怨，但仍属于对哀怨的处理，且当然会与合众乐群者益远！

其赋首先歌颂林壑清美、琅玕珍怪，接着说："于是遁世之士，荣期绮季之畴，乃相与……制为雅琴。"于是琴就成为幽人隐士之器了，琴德愈高，琴势乃愈孤。遂非合群之物，徒显其离群索居之状而已。

嵇康此举，殆与当时一种高士琴风相呼应。琴由古代的君子之器，渐成高士之娱，与汉画像砖所显示的伎乐宴飨情境遂邈焉异趣矣。演奏者不再"演"了，奏时的场所也由"歌舞地"转入"寂寞乡"。文人高士、幽居遁世者，遂成为这类琴风最主要的提倡者与践行者。

隋唐以后，琴之文人化愈甚，话语权不在乐工而在文人，因此虽清乐仍以琴与诸器并奏，但文人所重，已不在其合乐而在于分，表彰幽独、清冷自喜。

而且此时著名琴人赵耶利、陈康士、梅复元都是道士。当时僧人道英又从赵氏学,《文献通考》引《崇文总目》云:"琴德谱一卷,原释唐因寺僧道英撰,述吴蜀异音及辨析指法。道英与赵耶利同时,盖从耶利所授。"僧家琴谱自此多矣。

但我们看唐代谢观的《琴瑟合奏赋》仍是说合奏。薛易简的《琴诀》提出的琴德是:"可以观风教,可以摄心魂,可以辨喜怒,可以悦情思,可以静神虑,可以壮胆勇,可以绝尘俗,可以格鬼神。"观风教、壮胆勇,都不是清逸自娱的事。杨师道《咏琴》则云:"久擅龙门质,孤竦峰阳名。齐娥初发寻,赵女正调声。嘉客勿遽反,繁弦曲未成。"以琴迎客,显然当时也属常事。

至于李颀《听董大弹胡笳声兼寄语弄房给事》"蔡女昔造胡笳声,一弹一十有八拍。胡人落泪沾边草,汉使断肠对归客。古戍苍苍烽火寒,大荒沉沉飞雪白。先拂商弦后角羽,四郊秋叶惊摵摵。董夫子,通神明,深山窃听来妖精。言迟更速皆应手,将往复旋如有情。空山百鸟散还合,万里浮云阴且晴。嘶酸雏雁失群夜,断绝胡儿恋母声。川为静其波,鸟亦罢其鸣。乌孙部落家乡远,逻娑沙尘哀怨生。幽音变调忽飘洒,长风吹林雨堕瓦。迸泉飒飒飞木末,野鹿呦呦走堂下。长安城连东掖垣,凤凰池对青琐门。高才脱略名与利,日夕望君抱琴至"云云,更说明了当时琴与胡笳尚不相远,故能将胡笳曲翻成琴曲。

以琴模拟胡笳之音阶调式,早在六朝已然。张永《伎录》所称大小胡笳鸣是也。《乐府诗集》卷二九载《相和歌·王明君》,谓有平调三十六拍、胡笳三十六拍、清调三十六拍、间弦九拍、蜀调十二拍、吴调十四拍等。又有胡笳明君四弄，有上舞、下舞，上间弦、下间弦。胡笳与平调、蜀调、清调等均是一种调式，其来源则是胡笳与琴合奏，且以琴模拟胡笳已成惯例。

当时唐人鼓琴作胡笳曲，可能有多种风格。元稹《小胡笳引》自序云"哀笳慢指董家本"，指董庭兰之胡笳。《乐府诗集》卷五九胡笳十八拍，引蔡翼《琴曲》云："沈辽集，世名沈家声。小胡笳又有契声一拍，共十九拍，谓之祝家声。祝氏不详何代人。"李昂《塞上听弹胡笳作》诗序又云："客有尹侯者，高冠长剑，尤善鼓琴。因按弦奏胡笳之曲，摧藏哀抑，闻之忘味。"此尹侯所奏不知为谁家本，然胡笳在当时风格多样，已略可推见。另外，《全唐文》卷三七七收柳识《琴会记》一文，自谓"岂袭胡笳巧丽，异域悲声？我有山水桐音，宝而持之。古操则为，其余未暇"。显见诸家胡笳虽均极力作悲声，但指法未必均如董氏之慢指，可能也有颇巧丽者。

这样的琴曲，未必是清、微、淡、远的，或许也会接近沈佺期《霹雳引》"岁七月火伏而金生，客有鼓琴于门者，奏霹雳之商声。始戛羽以骁怒，终扣宫而砰验。电耀耀兮龙跃，雷阗阗兮雨冥。气鸣唅以会雅，态欻翕以横生。有如驱千旗，制五兵，截荒虺，斩长鲸"这样的风格。

因此，琴之更进一步的文人高士化，可能还有待于宋代。

南宋时期，浙派之特点已是清、微、淡、远。毛敏仲、徐天民曾编《紫霞洞琴谱》；毛传《渔歌》《樵歌》《山居吟》《列子御风》《庄周梦蝶》等曲。庄列遗风，不消说，当然是具有仙家气息的；紫霞洞，也表明了他们修真慕道的背景。宋代琴派，非宋时已有此称，乃元人追述者。

宋代琴风愈趋高古，又可由杨缵见之。杨号紫霞翁，周密师之，尝共结西湖吟社于杭州。周《齐东野语》卷十八载杨能琴："自制曲数百解，皆平淡清越，灏然太古之遗音也。后考证古曲百余，而异时官谱诸曲，多黜削无余，曰此皆繁声，所谓郑卫之音也。"他不满自来琴曲之繁声，改朝简古方向走，情况与嵇康反对当时琴风而提倡幽栖高士，正相类似。

此一趋向，乃是六朝琴风道士化之后再进一步的道士化，故与当时道士之琴观适相符同。赵文《疏影》词序曰"道士朱复古善弹琴，为余言：琴须对拙声，若太巧，即与筝阮无异"，即其例也。同时又有汪元量，宋灭后出家为道士，为江西派。而杨缵，元危素归之为浙派，见其《送琴师张宏道序》，张宏道也是临川玄都观道士。

这些道士对琴之古淡化都影响深远，可是明代道士对此似乎仍不满意，还继续古逸化，如第四十三代天师张宇初《送琴士朱宗铭序》就说："其曰浙学者皆然，而徒夸多斗靡而已。求其音节雄逸、兴度幽远者，亦甚鲜矣。"张宇初本人就能琴，他所记的朱宗铭，是袁矩的学生。袁亦修道人，号南宫岳山人，据说曾逢神仙，倪瓒有诗作记在萧闲道观听袁弹琴，则其琴属于道流一脉，何可疑焉？

他们的影响深远，元代《霞外琴谱》一书，即其继声，明代朱权

《神奇秘谱》亦然。《神奇秘谱》全书共分三卷。上卷称《太古神品》，收十六首作品。中、下卷称《霞外神品》，收四十八曲。以霞外自称，已自道渊源了。因此朱权论琴，特别提及黄冠，其书序说："琴之为物，圣人制之以正心术、导政事、和六气、调玉烛；实天地之灵器、太古之神物；乃中国圣人治世之音、君子养修之物，独缝掖黄冠之所宜。"圣人治世、导政事，固然是琴的老传统，可是他将之接上了神仙道家之趣，于是琴就"独缝掖（儒生）黄冠之所宜"了。

与朱权时代相近的冷谦，也很重要。他是著名的道人，号龙阳子，著有《太古遗音》一书。他的《冷仙琴声十六法》则见于明代项元汴的《蕉窗九录》。十六法：轻、松、脆、滑、高、洁、清、虚、幽、奇、古、淡、中、和、疾、徐，实即徐上瀛《琴况》之先声。

琴既已如此仙化，当然也同时佛化。唐代李白《听蜀僧濬弹琴》、吴筠《听尹炼师弹琴》、韩愈《听颖师弹琴》、李贺《听颖师琴歌》、杨巨源《僧院听琴》（又见刘禹锡集）、刘禹锡《闻道士弹思归引》、常建《听琴秋夜赠寇尊师》、贾岛《听乐山人弹易水》、张瀛《赠琴棋僧歌》、岑参《秋夕听罗山人弹三峡流泉》、僧皎然《奉和裴使君清春夜南堂听陈山人弹白雪》、梁肃《观石山人弹琴序》、戎昱《听杜山人弹胡笳》、李宣古《听蜀道士琴歌》、司马札《夜听李山人弹琴》等诗，已见许多山人道士禅僧弹琴的事例。北宋更有琴僧义海的弟子则全和尚作《则全和尚节奏指法》，收入《琴苑要录》中；其后则有前文所提过的《枯木禅琴谱》等。《枯木谱》是广陵派主要琴谱，而广陵派在近代的影响，众所周知。

整个琴坛，自然就满是幽人、高士、枯禅了。

这还有个时代环境问题。科举既盛，士子专研经义，娴于守文，而音乐之知能愈来愈疏，再也不是古代那个"君子无故不去琴瑟"的时代了。琴艺遂仅流行于伎艺人手上。伎艺人被视为贱民，与士人殊类。士人要亲近古琴，便只能与方外擅长琴艺的释道为侣。这样，释道就更成为主要的古琴传播和阐释的群体了。

五、广大悉备的琴

所以琴在明代以前，绝少自称为"古琴"，此后则通称为古琴。古，看起来是指来历，其实不然，因为吹竹击缶也都很古，甚且可能还更古于琴。古，讲的是风格。而这种风格，指的就是它远离现世人间烟火的孤高之感，遗世超举。所以它高洁清虚、幽奇古澹、和静恬逸。

但我以为琴不是本来就如此的。

如上所述，琴本诗礼合乐之器，"圣人制之以正心术、导政事、和六气、调玉烛；实天地之灵器、太古之神物；乃中国圣人治世之音、君子养修之物"，是要燮理阴阳、教化群氓、导政风世的，并不只用于君子内养。其演礼用乐时，琴也必须广协众器。

汉魏以降，先是技师以危苦哀怨为美，而反激出了以俗为高的遁世之琴；然后一步一步发展到宋明，方外之气乃愈来愈重，并与君子内养之需求结合起来，在这个意义上讲《三教同声》。

可是这种"三教同声"，可能呈现的只是佛道化了的儒家。整体看，尤以道家气为重。

我不反对这种古琴观，但我觉得这毕竟是窄化了的古琴观，更会让人对周汉隋唐之琴学、琴文化产生误解，对儒家琴学琴道之理解与发展尤其不利。

因此我想回到孔子论诗所说的"诗可以兴、可以观、可以群、可以怨"来说。

宋明以后之古琴美学，乃是"诗言志"的，与诗相似。然而它无疑只偏于可以兴、可以怨。兴于感动，怨悱不怒，故特显其清和高远。但在可以观风俗、观政教、观盥祭；可以群众庶、合众器、通人我等方面，却不免还有所欠缺。故自适其志则可，要化民成俗，则无此等器量。演奏时，如何与笙簧钟鼓箫瑟管板相和，也就难以讲求了。对现在这样偏枯的趋向，我们恐怕需要开始有点省察才好。